Marie-Sophie Lobkowicz

Eine kleine Philosophie
vom Glück

Marie-Sophie Lobkowicz
EINE KLEINE
PHILOSOPHIE VOM
GLÜCK

*»Heute ist der erste Tag
vom Rest meines Lebens«*

Pattloch

© 2010 Pattloch Verlag GmbH & Co. KG, München

Umschlaggestaltung: ZERO Werbeagentur, München
Umschlagillustration: FinePic®, München
Redaktion: Michael Schönberger
Satz: Adobe InDesign im Verlag
Druck und Bindung: C. H. Beck, Nördlingen
Printed in Germany
ISBN 978-3-629-02262-2

2 4 5 3 1

Bitte besuchen Sie uns im Internet:
www.pattloch.de

»Wenn ich was tue,
dann kann ich was falsch machen.
Wenn ich nichts tue,
mache ich meistens alles falsch!«

Aus dem Tagebuch von Conte

Für meine Eltern

INHALT

Was ist das —
das Glück?

Heute ist der erste Tag vom Rest meines Lebens! Welche Konsequenz hat es, wenn ich mir diese Tatsache hier und heute, aber auch jeden weiteren Tag zu Herzen nehme? Mein verstorbener Freund Conte hat mal gesagt: »*Wenn ich etwas tue, dann kann ich was falsch machen. Wenn ich nichts tue, mache ich meistens alles falsch.*« War das seine Philosophie vom Glück? Hat er deshalb sein Leben so bewusst gelebt? Gerade auch weil der Rest seines Lebens durch seine Krankheit so absehbar kurz war? Ich glaube schon. Er war todkrank, aber glücklich. Und ich war es auch. Wir haben alles riskiert und alles bekommen. Es war für uns die richtige Entscheidung. Entscheidung, werden Sie fragen? Ja! Es war eine Entscheidung.

Ich glaube, man muss sein Leben in die Hand nehmen, um glücklich zu sein. Denn was ist schon Glück? Auf jeden Fall etwas sehr Subjektives: Ob ich über etwas glücklich bin oder nicht, hängt sehr oft von mir selber ab. Von meiner Stimmung, meiner Sicht auf die Dinge, meiner Einstellung zum Leben und zu den Menschen. Also von meiner ganz persönlichen Philosophie vom Glück.

Meine Erfahrung, sowohl bei mir selbst, aber auch durch Beobachtung anderer Menschen, ist, dass Entscheidungen – die großen wie die kleinen – die Menschen glücklicher machen. Der Sprung ins kalte Wasser, über meinen Tellerrand hinaus oder über meinen eigenen Schatten. Carpe diem!
Es gibt Leute, jeder kennt sie, die nie zu wirklichen Entscheidungen kommen. Sie ergreifen nie den Beruf, von dem sie träumen. Sie bereisen nie die Länder, die sie sehen wol-

len. Sie gestehen nie dem Menschen ihre Liebe, den sie lieben. Sie sagen nie, was ihnen wirklich auf der Zunge liegt. Sie leben gewissermaßen mit angezogener Handbremse. Oder um ein anderes Bild zu gebrauchen: Sie schlagen an jeder Weggabelung Wurzeln. Sie leben wie auf Probe, als hätten sie eine zweite Chance. Man kann auch sagen, sie leben eigentlich gar nicht, sie werden gelebt. Sie igeln sich ein in ihre Angst, sehen nur noch Probleme, machen den Weg steiler, als er wirklich ist – und je länger sie warten, desto schwieriger wird es für sie, den ersten Schritt zu machen. Und sie sind dabei tief unglücklich.

In diesem Buch erwarten Sie Geschichten über ganz normale Menschen. Menschen wie Sie und mich. Menschen, die viele unbewusste, aber auch bewusste Entscheidungen treffen und die damit ein kleines bisschen mehr Glück im Leben finden. Die Geschichten sind gewürzt mit vielen Erfahrungen aus meinem Leben und aus Berichten meiner Freunde.

Es sind die Erlebnisse eines Jahres. Ein Jahr, in dem Menschen sterben und andere geboren werden, in dem sich Menschen finden, wiederfinden und »erkennen«, sich füreinander entscheiden und umeinander sorgen. Sehr persönlich, durch Sammlung von »echten« Berichten soll dieses Buch lebensnah, spannend und zugleich unterhaltsam sein. Und es soll Mut machen. Mut, »ja« zu sagen zu diesem Leben, das uns geschenkt wurde. Zu diesem Leben, für das wir uns jeden Tag aufs Neue entscheiden können.

In der Bibel steht, dass wir »das Leben in Fülle haben sollen«. Wir müssen uns nur darauf einlassen. Vielleicht schütteln Sie jetzt den Kopf und denken: »Wenn es doch nur so einfach wäre.« Ich weiß sogar, dass es nicht einfach ist und gewiss die

Dinge nicht unbedingt leichter macht. Aber es ist spannend, bewegend, atemraubend und vieles mehr, wenn man sich hineinstürzt. Mein Leben in die eigene Hand zu nehmen und auf Gott zu vertrauen, ist ein Sprung über die Klippe. Aber der macht mein Leben reicher und ist in jedem Fall spannend. Und dazu müssen, nein – dazu dürfen wir uns entscheiden. Jetzt!

Marie-Sophie Lobkowicz

Januar

oder

»Die Zeit läuft auch, wenn wir stillstehen.«

Heute ist der erste Tag vom Rest meines Lebens!«, dieser Gedanke blitzte in Annemarie auf, als sie die Augen der alten Frau sanft schloss. Eben erst hatte ihre Mutter mit einem tiefen Seufzer zum letzten Mal Atem geholt. Annemarie streichelte behutsam über die fahle Wange der Verstorbenen. Die Wangenknochen standen unnatürlich streng hervor. Ganz untypisch für das sonst so sanfte Gesicht. Wie weich sich die pergamentartige Haut anfühlte. Weich und immer noch warm.

»Der erste Tag meines Lebens ohne meine Mutter!« Der Gedanke drängte sich in ihr Bewusstsein. Noch zeigten sich keine klaren Bilder, und sie versuchte den Gedanken zu verscheuchen. Er kam aus einer anderen Wirklichkeit und schien sich in ihren Kopf geschlichen zu haben, ohne wirklich für sie bestimmt zu sein. Und doch war er das. Dieser Gedanke, so verschwommen und durchscheinend er noch wirkte, war gerade Realität geworden. Er wurde von Minute zu Minute greifbarer und sichtbarer. Ganz konnte sie es noch nicht fassen:»Heute ist der erste Tag vom Rest meines Lebens.«

Sie blickte auf ihre eigenen Hände, mit denen sie vorsichtig die gestreifte Daunendecke glatt strich und dann die Hände der Toten ineinanderlegte. Irgendwie mechanisch sah das aus. Ihre Hände waren rauh und rissig von den vielen Jahren, die sie als Putzfrau zugebracht hatte. Erste Altersflecken darauf befremdeten Annemarie; fühlte sie sich doch viel jünger, als ihre Hände vermuten ließen. Es waren kräftige Hände, nicht klein, aber auch nicht groß.

Dann richtete sie ihren Blick wieder auf das Gesicht der gerade Verstorbenen. Wie friedlich sie aussah. Fast schien es ihr, als würde sie nur ein wenig schlafen, um gleich wieder die Augen zu öffnen und sie anzulächeln. Mutters Wangen waren eingefallen, und das alte, faltige Gesicht lag ruhig und bleich auf dem weichen Kissen. Annemaries Blick wanderte durchs Zimmer. Ihre Mutter lag auf der linken Seite des großen, alten Ehebetts aus Kirschholz. Die andere Betthälfte war schon lange verwaist. Mutter hatte immer darauf bestanden, dass beide Betten frisch bezogen wurden. So als könne ihr Mann jeden Augenblick zu ihr zurückkommen. Über dem Bett an der Wand hing ein schlichtes Holzkreuz. Es hing schon immer dort, solange sich Annemarie erinnern konnte.

Mutter hätte die Tatsache bestimmt gefallen, an einem Sonntagmorgen zu sterben. Auf ihrer Stirn war noch deutlich das Glitzern des Salböls zu erkennen, mit dem der Priester sie nur wenige Stunden zuvor bekreuzigt hatte. Mutter hatte es »Letzte Ölung« genannt und sich damit auf den Tod vorbereitet. Annemarie fand das Wort »Krankensalbung«, das Ermutigung und Stärkung versprach, für dieses Ritual viel schöner und passender.

Mutter waren die regelmäßigen Besuche eines alten Benediktinerpaters immer sehr wichtig gewesen. Zeit ihres Lebens hatte sie fast keinen Sonntagsgottesdienst verpasst, und als sie schließlich ans Bett gefesselt war, hatte sie sich immer auf die Besuche Pater Kilians gefreut. Annemarie bewunderte den starken Glauben ihrer Mutter, obwohl sie selber keinen Zugang dazu fand.

Müde fuhr sie sich mit der Hand über die Augen, und ihr Blick schweifte aus dem Fenster. Die frühe Sonne stieg über den Horizont, und der Schnee glitzerte auf dem gegenüberliegenden Hausdach. Reglos saß sie auf dem einfachen Holzstuhl, den sie sich ans Bett geschoben hatte, um die Hand ihrer Mutter halten zu können, als diese ihre letzten Atemzüge tat. Sie wusste, dass ihr Rücken schmerzen würde, sobald sie sich aufrichtete. Wie viele Stunden, Tage, ja Wochen und Jahre hatte sie an diesem Bett verbracht? Sie wusste es nicht. Vorsichtig lauschte sie in sich hinein. Warum war da kein Gefühl? Wo blieb die Trauer? Wann würden die Tränen kommen? Sie lauschte und suchte, aber sie fand nichts. Nur Stille. Eine Stille, die sie völlig umschloss, die das Zimmer ausfüllte und die Zeit anhielt.

Zweiundfünfzig war sie. Vor zwei Tagen, am siebzehnten Januar, hatte sie Geburtstag gefeiert. Sie hatte sich einen kleinen Kuchen gebacken, eine Kerze angezündet und ein Geburtstagslied gesungen. An dieser Stelle. Hier am Bett ihrer Mutter. Sie meinte fast, Mutters Stimme zu hören, die für sie sang, als sie die Augen geschlossen hatte. Ihr war das Bild ihrer Eltern erschienen, wie sie in Kindertagen frühmorgens singend, den kleinen Marmorkuchen mit der Kerze darauf vorsichtig balancierend, in ihr Kinderzimmer gekommen waren.

Vorgestern war es auch wieder ein Marmorkuchen gewesen. Wie all die Jahre vorher. Gute Traditionen soll man nicht brechen. Sie hatte ihn dann in aller Ruhe gegessen, während sie ihrer Mutter von ihren Wünschen für ihr neues Lebensjahr erzählt hatte. Auch das war Tradition. Dass Mutter sie nicht mehr hören konnte, weil sie nicht mehr bei Bewusstsein gewesen war, hatte sie nicht davon abhalten können. Irgendwie hatte sie das Gefühl, dass Mutter sie trotzdem hören konnte.

Zwei Stücke des Kuchens hatte sie für ihre Freundin Sarah und den alten Benediktiner aufbewahrt, der seit zwei Wochen täglich vorbeischaute, um nach ihrer Mutter zu sehen. Ihre Backkunst hatte bei den beiden großen Anklang gefunden.

Zweiundfünfzig, sie musste staunen. Dann sprach sie es laut aus: »Zweiundfünfzig« – was für eine Zahl! Und trotz allem doch nur eine Zahl. Kein Gefühl wollte sich einstellen, keine Regung. Auch kein Bedauern. Sollte sie es nicht bedauern, die besten Jahre ihres Lebens der Pflege ihrer kranken Mutter geopfert zu haben? Wo waren all diese Jahre hingegangen? Wie schnell waren sie vergangen?

Gerade eben noch war Annemarie zwanzig Jahre alt gewesen. Das Leben hatte sie gelockt und von einer aufregenden Zukunft gesungen, als sich bei ihrer Mutter die ersten Zeichen von Alzheimer gezeigt hatten. Seitdem waren dreißig Jahre vergangen – waren es tatsächlich schon so viele?

Es kam Annemarie so vor, als sei es erst gestern gewesen. Vielleicht eine Woche, ein Jahr, aber doch nicht mehr? Voller Eifer hatte sie damals eine Hauswirtschaftslehre begonnen und … ja, und sie war auch sehr verliebt gewesen. Karl war der Sohn des Hausmeisters der Hauswirtschaftsschule. Karl, der mit seinem verschmitzten Lächeln und dem roten, wirren Haar jeden Morgen am Tor des Schulgeländes auf sie wartete und sie zur Tür begleitete. Das waren kaum mehr als hundert Meter, und auf der kurzen Strecke hatten sie und Karl stets scheu ein paar Worte gewechselt. Später, nachdem beide ihre Schüchternheit langsam überwunden hatten, war sie mit Karl zum Tanzen ausgegangen …

Es war eine herrlich unbeschwerte Zeit, wie sie heute im Rückblick empfand. Und es schien ihr, als wäre es gestern gewesen. Weil ihre Eltern ihr keine eigene Wohnung bezahlen konnten, blieb sie zu Hause wohnen. Bis heute hatte sie nie woanders als in ihrem Elternhaus gewohnt. In diesem alten, mit Efeu bewachsenen Haus aus rotem Backstein und mit den Holzschindeln auf dem Dach. Wie ein kleines englisches Cottage sah es aus, irgendwie fremd in der modernen, gesichtslosen Vorstadtsiedlung. Als hätte man es schlicht übersehen, als alles andere umgebaut und erneuert worden war. Mit dem kleinen Garten auf der Vorderseite, der von einem verwitterten Holzzaun umgeben war, sah es aus wie ein Überbleibsel aus einer anderen Zeit. Aber in genau diese Besonderheit hatte sich ihre Mutter vor vielen Jahren verliebt, als sie zusammen mit ihrem Mann und ihrer kleinen Tochter ein Haus gesucht hatte. Mutter hatte immer einen Blick für das Besondere gehabt.

Plötzlich wurde Annemarie bewusst, dass es jetzt ihr Haus war. Nachdem sie das einzige Kind ihrer Eltern war und Vater seit langem verschwunden, war es jetzt wohl ihr Eigentum. Ihre Eltern hatten damals ihre ganzen Ersparnisse hingegeben, um das Haus zu kaufen.

»Wir wollen was Eigenes. Etwas, was nur uns gehört«, hörte sie Mutter noch sagen.

»Jetzt gehört es mir«, ging es Annemarie durch den Kopf. Der Gedanke kam ihr sehr eigenartig vor.

Annemarie, die tagtäglich mit ihrer Mutter zusammen war, merkte schon sehr früh, dass mit Mutters Gedächtnis etwas nicht in Ordnung war. In einem Stadium, in dem man noch rätselt, um was es sich handelt. Erst waren es nur kleine, leicht zu übersehende Anzeichen gewesen. Aber Annemarie übersah nichts. Ihr Auge für Details und Kleinigkeiten hatte ihr in der Hauswirtschaftsschule des Öfteren ein Lob eingetragen. Und diese Gabe hatte sie auch die ersten Anhaltspunkte der Krankheit erkennen lassen.

Erst hatte Mutter ihre Schlüssel verlegt und konnte sie nicht finden. Es wiederholte sich. Eigentlich kein Grund, um aufzuhorchen. Bei ihrer Mutter, die immer so penibel ordentlich war, dass es einen zur Verzweiflung treiben konnte, war es jedoch merkwürdig. Mutter wusste immer, was sie wann wo hingelegt hatte. Sie begann Listen mit Dingen zu schreiben, die sie erledigen musste. In ihrer ordentlichen, geraden Handschrift hatte sie einen Punkt nach dem anderen auf einen Zettel geschrieben. »Ich werde wohl etwas vergesslich«, sagte sie dann lachend.

Überhaupt hatte sie viel gelacht und das Leben stets aus einem liebevollen Blickwinkel betrachtet. Jahre später, in einem ihrer wenigen wachen Momente, hatte sie einmal gesagt: »Weißt du, Kindchen, das Gute an Alzheimer ist doch, dass ich all die kleinen Sorgen und Nöte gleich wieder vergesse. Das Schöne aus alten Tagen jedoch bleibt mir.«

Mutter hatte begonnen, Listen zu schreiben, und sie dann verlegt. Irgendwohin. Um sich davon nicht beunruhigen zu lassen, hatte sie immer gleich neue verfasst. Kurz darauf ertappte Annemarie ihre Mutter dabei, wie sie ein und dieselbe Geschichte zum dritten Mal erzählte – in nur zwei Tagen. Auch das wäre ihr früher nie passiert. Im Gegenteil; es war eine Angewohnheit, die sie bei anderen, nicht zuletzt ihrem Mann Josef, immer kritisiert hatte. Ein andermal bat sie Annemarie, den Hund zu füttern …, da wollte ihr der Name des Hundes nicht mehr einfallen. Til, der kleine Jack Russell, den sie kaum ein Jahr zuvor aus dem Tierheim geholt hatten. Und Mutter liebte Til. In diesem Augenblick hatte Annemarie begriffen, dass etwas nicht stimmte. Sie hatte ihre Mutter zum Arzt begleitet, der ihre Vermutung bestätigte: Alzheimer. Es kam schleichend und unaufhaltsam.

Genauso schleichend und unaufhaltsam hatte sich Vater von ihnen abgewandt und sie dann verlassen. Er war kein schlechter Mensch. Er war nur schwach. Seine schwache Seele spiegelte sich in seiner kleinen, gebeugten Gestalt. Neben seiner fröhlichen, starken Frau hatte Vater immer irgendwie fehl am Platz gewirkt. Und das zunehmende Leiden seiner Frau war für ihn unerträglich gewesen. Als die Mutter zunehmend bettlägerig und pflegebedürftig geworden war, war seine Toleranz aufgebraucht. Der Verfall seiner

Frau bedrückte und erdrückte ihn nach und nach. Annemarie konnte es beobachten: wie Vaters Haare weniger wurden und seine Haltung immer gebückter. Als würde er die Last der ganzen Welt auf seinen dürren Schultern tragen, jeden Tag ein wenig mehr davon. Dann war er auf Reisen gegangen. Anfangs konnte er es mit seinem Beruf erklären. In der Versicherungsbranche musste man viele Kunden besuchen. Oft auch weit entfernte. Erst war er Tage, dann Wochen fort. Eines Tages blieb er ganz weg. Er war geflohen. Geflohen vor dem Schicksal seiner Familie. Wohin, wusste Annemarie nicht. Das war jetzt siebzehn Jahre her. Nur der monatliche Scheck erinnerte Annemarie daran, dass Vater noch existierte. Er lebte noch – irgendwo. Und er hatte sie nicht vergessen.

Lange hatte sie nicht mehr an ihren Vater gedacht. Als er damals einfach verschwunden war, hatte sie erst versucht, ihn zu finden. Sie war wütend gewesen, dass er sie einfach zurückließ. Wütend und verletzt. Und wie sollte sie seine Abwesenheit ihrer Mutter erklären? Irgendwie empfand sie es als gnädig, dass Mutter bei Vaters Verschwinden bereits stark vergesslich war. Mutter sprach aber von Vater weiter so, als könne er jeden Moment zur Tür hereinkommen. Es war Annemarie nicht leichtgefallen, seine Abwesenheit immer wieder mit irgendeiner Ausrede zu erklären. Schließlich hatte Annemarie es aufgegeben, nach dem Vater zu forschen. Sie hatte versucht, die monatlichen Geldzahlungen als Zeichen seiner Zuneigung zu sehen, wohl wissend, wie schwach er war. Irgendwie war sie damit endgültig erwachsen geworden. Und mit den Jahren war der Gedanke an ihn immer mehr in den Hintergrund getreten, als sei er eine Gestalt am fernen Horizont. Verschwommen im Dunst und immer gerade so weit weg, dass man keine Verbindung aufbauen konnte.

Vater war einige Zeit nach dem Tag verschwunden, an dem Karl gegangen war. Nein! Karl war nicht gegangen. Sie hatte ihn gehen lassen, ja sogar weggeschickt. Von sich gestoßen mit aller Kraft. Als sie erkannt hatte, wie es um ihre Mutter stand, da war ihr bewusst geworden, dass sie Mutter nie würde verlassen können. Und auf keinen Fall wollte sie Karl an solch ein Leben binden. Ja mehr noch. Seine Fürsorge und Liebe, die er an den Tag gelegt hatte, drohten sie zu zerbrechen. Sie musste stark sein, durfte nicht schwach werden. Stark für ihre Mutter. Damals hatte sie geglaubt, es sei das Beste, wenn er ginge. Sie hatte ihm gesagt, sie wolle ihn nie wieder sehen. Und er hatte sie beim Wort genommen, was sehr schmerzhaft für sie gewesen war.

Annemarie musste blinzeln. Plötzlich war sie zurück von ihrer Reise in die Vergangenheit und fand sich am Bett ihrer Mutter wieder. Und plötzlich tat ihr alles weh. Der Gedanke an Karl schmerzte immer noch. Nach so langer Zeit. Dabei war es doch sie gewesen, die ihn weggeschickt hatte. Er wollte nicht gehen. Sie nicht alleine mit der Mutter zurücklassen. Annemarie betrachtete wieder ihre aufgerissenen Hände. Sie zitterten leicht. Auch in ihrem Inneren zitterte etwas. Der alte, verdrängt geglaubte Schmerz der verlorenen Jugendliebe half jetzt, den anderen Schmerz nach oben zu schwemmen. Den realen, den heutigen, den unglaublich tiefen Schmerz des Verlustes. Endlich.

Eine erste Träne rann ihre Wange hinunter. Dann wurden es viele. Annemarie weinte, rang nach Luft, krümmte sich zusammen und presste sich die Hände auf die Augen. Lange saß sie in ihrer unermesslichen Trauer am Bett der Mutter. Nach vorne gebeugt, ließ sie den Tränen freien Lauf. Sie wurde von krampfhaften Tränenwellen geschüttelt, die aus der Leere in ihrem Innern nach draußen drängten. Dieser unbegreiflichen Leere, die man als schier unerträglichen körperlichen Schmerz erlebt, wenn ein geliebter Mensch stirbt. Unkontrolliert stiegen sie in ihr hoch. Wieder und immer wieder. Ihr ganzer Körper bebte, und der Stuhl, auf dem sie saß, bebte mit. Sie spürte weder Wärme noch Kälte. Weder den Stuhl noch das Zimmer konnte sie noch wahrnehmen. Ein einziger bohrender Schmerz. Mutter!

Wie sollte sie es je ohne ihre Mutter aushalten? Sie war ihr Leben. Ihr ganzes Sein hatte sich um die Frau gedreht, die ihr das Leben geschenkt hatte. Jetzt war sie tot. Fort. Für immer. Dann, von einem Moment auf den anderen, wurde Annemarie ganz still. Saß einfach nur da. Zu erschöpft, um sich zu bewegen. Ihr Gesicht war ganz nass, aber sie hob nicht einmal die Hand, um die Tränen wegzuwischen.

Irgendwann drang das Gebimmel der Haustürglocke an ihr Ohr. Es war eine altmodische, gusseiserne Glocke, wie sie zu dem Haus nicht besser hätte passen können. Annemarie musste erst wieder zu sich finden, die Situation begreifen. Das Läuten drang wie aus weiter Ferne zu ihr durch. Ihr Gesicht war rot und fleckig, ihre Augen verquollen von den Tränen, ihr steifer Körper aber sonderbar gelockert durch den Weinkrampf. Mühsam richtete sich Annemarie auf und holte tief Atem. Dann wischte sie sich entschlossen die restlichen Tränen aus dem Gesicht und ging zur Haustür. Die alte Türe knarrte leise in den Angeln und erinnerte Annemarie daran, dass sie sie schon lange einmal ölen wollte.

Vor der Tür stand ihre Freundin Sarah. Als Annemarie ihre Freundin sah, begann sie ohne ein Wort der Erklärung erneut zu schluchzen. Sarah brauchte keine Worte, um sofort zu verstehen, was geschehen war. Schließlich warteten sie schon seit Tagen auf den Moment des endgültigen Abschieds. Behutsam nahm Sarah ihre Freundin in die Arme. Und so standen sie einfach gemeinsam im Türrahmen. Die kalte Winterluft schlich sich ins Haus, aber die beiden Frauen achteten nicht darauf. Sarah strich Annemarie sanft über den Rücken. Jeden Tag war sie vorbeigekommen, um nach Annemarie zu sehen, die kaum vom Bett der Mutter weichen wollte. So auch heute. Sarah schwieg. Es gab auch nichts, was sie in diesem Moment hätte sagen können. Welche Worte hätte sie finden können, um den Schmerz zu lindern? Sie wusste auch, dass in dem Schluchzen der Freundin weit mehr lag als der Schmerz über den Verlust der Mutter. Es waren alte Wunden aufgebrochen. Aber in Annemaries Tränen lagen auch Erleichterung und Erschöpfung, die sich über Wochen angesammelt hatte.

Schließlich war Annemarie so weit gefasst, dass sie die Freundin hereinbitten konnte. Sie führte Sarah leise an das Bett ihrer Mutter, war jetzt wieder ganz ruhig. Beide standen still nebeneinander. Dann sah Annemarie ihre Freundin von der Seite her an: »Würdest du mit mir ein Gebet sprechen?«

Es schien ihr irgendwie passend zu sein in diesem Moment, vertraute und tröstende Worte zu sprechen. Und sei es nur deshalb, weil ihre Mutter immer daran geglaubt hatte. Sarah nickte, begann sofort und musste dabei lächeln. Es freute sie, dass Annemarie selber auf die Idee gekommen war. Für gewöhnlich war Annemarie in Glaubensdingen eher zurückhaltend. Gebet und Glaube waren immer das Terrain ihrer Mutter gewesen. Und jetzt stand sie mit ihrer Freundin an Mutters Bett und betete. Nachdem sie das Gebet beendet und in einer kurzen Stille verharrt hatten, musste Annemarie etwas loswerden: »Sarah – sollte ich bereuen, dass ich all die Jahre an diesem Bett gesessen habe?«

Sarah sah ihre Freundin etwas irritiert an. Das war keine leichte Frage. Und es gab auch keine leichte Antwort darauf. Ihr huschten die vielen Jahre durch den Kopf; wie Kurzfilme, die in rasanter Frequenz geschnitten waren. Sie sah Annemarie als junges Mädchen, damals, als sie sich in der Hauswirtschaftsschule kennengelernt hatten. Dann sah sie ihre Freundin mit der Mutter. Die Mutter, die erst vergesslich, dann zornig auf sich selbst, schließlich depressiv wurde. Es gab Jahre, da glichen die Wutausbrüche von Annemaries Mutter denen einer pubertierenden Jugendlichen. Sie brauchten nicht mal einen Auslöser. Das war bestimmt die schwerste Zeit für Annemarie gewesen. Sarah erinnerte sich noch gut an Tage, an denen die Freundin völlig verzweifelt schien. Annemarie hatte sogar überlegt, ihre Mutter in ein Heim zu geben, sich schließlich aber doch dagegen entschieden. Sie brachte es einfach nicht übers Herz. Dann sah Sarah die milden Jahre, in denen Annemaries Mutter ins Kleinkindalter zurückgeworfen wurde und dankbar alles angenommen hatte, was Annemarie für sie tat. Es war, als würde die Mutter ihr Leben rückwärts durchleben. Und immer, immer wieder, selbst in den schlimmsten Zorn-Momenten, hatte Annemaries Mutter wieder ihre positive Grundeinstellung gefunden. Und die Momente, in denen sie klar im Kopf gewesen war, waren Momente echter Freude gewesen. Und echter Freundschaft. Sarahs Blick wanderte von ihrer Freundin zu der Toten. Wie hatte sie Annemarie immer um das innige Verhältnis zu ihrer Mutter beneidet! Konnten die Jahre, die man damit verbracht hatte, einen geliebten Menschen zu pflegen, denn Verschwendung sein?

Schließlich schüttelte sie den Kopf. »Nein, es waren gute Jahre. Und das weißt du! Und ich halte nichts davon, zurückzublicken. Denk doch: Heute ist der erste Tag vom Rest deines Lebens! Ab heute wird alles neu; alles anders. Ob es besser wird, werden wir sehen.«

Da war es passiert. Die Freundinnen hatten gleichzeitig einen Gedanken ausgesprochen, der noch vor kurzem so unwirklich im Raum gestanden hatte. Plötzlich war er ganz echt, ganz greifbar: Heute ist der erste Tag vom Rest deines Lebens.

»Zwei Dumme – ein Gedanke«, murmelte Annemarie und musste ein Kichern unterdrücken.

»Bitte?«

»Zwei Dumme – ein Gedanke«, wiederholte Annemarie den Satz laut. Und dann konnte sie das Lachen nicht mehr zurückhalten. Zuerst ein vorsichtiges Kichern, dann ein Prusten. Es sammelte sich in ihrer Magengegend, krabbelte ungefragt die Brust herauf und sprang ihr von den Lippen. Und Sarah verstand nicht nur; sie ließ sich anstecken und kicherte ebenfalls los. Ganz außer Atem, blickten sich die Freundinnen an.

»Meinst du, es ist ungehörig, am Bett meiner toten Mutter zu lachen?« Annemarie stieß die Worte zwischen zwei Lachkrämpfen hervor. Sarah konnte nicht antworten, weil sie sich die Hand auf die Lippen presste, schüttelte aber den Kopf. Wie konnte dieser Moment so irrsinnig komisch sein? Wahrscheinlich eher irrsinnig als komisch.

Annemarie wischte sich die Lachtränen von den Wangen und atmete tief ein und aus, um sich nicht erneut vom Lachen davontragen zu lassen: »Ich muss … ich muss … Ich muss mit dem Bestattungsinstitut sprechen.«

Noch ein letztes Kichern. Dann wurde sie ruhiger. »Tee?«, fragte sie in Sarahs Richtung. Sarah nickte und holte ebenfalls tief Luft. Tee war jetzt eine gute Idee.

Noch während Annemarie den Tee aufbrühte, kam der Arzt, der offiziell den Tod der Mutter bestätigte und die Sterbeurkunde ausstellte. Einige Zeit später kamen die Leute vom Bestattungsinstitut, um die Tote mitzunehmen. Als die zwei Männer ihre Mutter in einem schwarzen Plastiksack abtransportierten, schnürte es Annemarie die Kehle zu. Der Vorgang war so geschäftsmäßig nüchtern, unwirklich und technisch.

Er schien nichts mit der Frau zu tun zu haben, deren leblose Hülle da eingepackt wurde. Annemarie war in dem Moment, in dem der schwarze Reißverschluss mit einem leisen, ratschenden Geräusch zugezogen wurde, sehr froh, dass Sarah da war und sie stützte. Als die Männer das Haus verlassen hatten und die letzten Details besprochen waren, fühlte Annemarie eine lähmende Müdigkeit in sich aufsteigen. Jetzt wollte sie nur noch schlafen. Sie ließ sich von Sarah wie ein kleines Kind zu Bett bringen, obgleich es noch nicht einmal Mittag war. Sie schlief sofort ein.

Vier Tage später hatte sich eine kleine Trauergemeinde in Annemaries Haus versammelt. Erstaunt und dankbar, empfing sie jeden, der zur Trauerfeier gekommen war. Sarah hatte in der Küche wahre Wunder gewirkt, und ihre Tochter Serena und deren Cousine Clara halfen, die Gäste zu bewirten. Eifrig trugen die kleinen blonden Mädchen Tabletts zwischen all den schwarz gekleideten Erwachsenen umher. Serena war neun Jahre alt und Sarahs jüngstes Kind. Ein Nachzügler. Ihre drei großen Jungs waren schon beinahe aus dem Haus. Der Siebzehnjährige hatte heute Morgen gemeinsam mit Sarahs Mann Heinrich noch geholfen, die Getränke ins Haus zu tragen. Auf Sarah und ihre Familie war einfach Verlass!

Annemarie riss den Blick von Serena und Clara los, die sich in eine Ecke unter dem alten Esstisch verzogen hatten und sich über die kleinere Schüssel Mousse au Chocolat hermachten. Sie hatte sich auch Kinder gewünscht. Früher. Mittlerweile hatte sie sich damit abgefunden, dass sie niemals Mutter sein würde. Schließlich war sie schon alt genug, um erwachsene Kinder zu haben.

Wie sonderbar das alles ist, schoss es ihr durch den Kopf, während sie aus dem Fenster blickte. Der Rasen versteckte sich unter einer weißen Schneedecke. Nur die rote Mütze eines halb eingeschneiten, alten Gartenzwergs verlieh dem Garten einen Farbtupfer.

Die letzten Tage hatte Annemarie wie in Trance gelebt. Nach den ersten Tränen waren keine weiteren gekommen. Und ihr Inneres fühlte sich eigenartig leer und verwackelt an. Sie lebte seltsam zeitlos. Wie war es möglich, dass der Körper so schnell altert und die Seele nur so langsam hinterherkommt? Wieder kündigte die gusseiserne Haustürglocke einen weiteren Gast an. Wahrscheinlich jemand, der den Weg vom Friedhof nicht so schnell gefunden oder seinen Wagen weiter weg geparkt hatte. Annemarie ging zur Tür, öffnete sie und erstarrte.

Erneut innerhalb nur weniger Tage war sie mit einer Situation konfrontiert, für die sie keine Gefühle in sich finden konnte. Sie wurde von Bildern überschwemmt. Erinnerungen wurden wach, an die sich keine Empfindungen knüpften. Das war so sonderbar, dass sich unbewusst ein Lächeln auf ihr Gesicht schlich. Sie sollte etwas empfinden. Irgendetwas. Denn sie erkannte den Mann auf Anhieb, der auf ihrer Türschwelle stand, auch wenn es viele, viele Jahre her war, dass sie ihn zuletzt gesehen hatte: Es war ... Vater.

FEBRUAR

ODER

»HIMMELHOCH JAUCHZEND,
ZU TODE BETRÜBT.«

Auf den Ellenbogen gestützt, lag er seitlich auf dem Bett und betrachtete ihr schlafendes Profil. Er wollte die Hand nach ihr ausstrecken, ihr Gesicht berühren, aber dann hätte er sie geweckt. Dabei war sie gerade erst erschöpft eingeschlafen, die Wangen gerötet und im Haar noch letzte Schneereste. Sie hatte noch nicht mal die Skiklamotten ausgezogen, sondern sich nur rücklings auf das Bett fallen lassen, um die Augen kurz zu schließen. Schon war sie eingeschlummert. Es war auch wirklich ein anstrengender Skitag gewesen mit den ständigen Schneewehen, die ihnen der Wind ins Gesicht geschleudert hatte. Trotzdem war jede Minute davon wunderbar gewesen, weil Ben sie mit Hanna verbracht hatte. Und Ben hatte erstaunt festgestellt, dass Hanna ihm in Sportlichkeit um nichts nachstand. Ben musste lächeln, und sein Herz machte Luftsprünge. Dann rollte er sich auf den Rücken und betrachtete versonnen die Hotelzimmerdecke. Hatte er dieses Glück verdient?

Es war keine sechs Wochen her, da war ihm Hanna auf einer Cocktail-Party begegnet. Für gewöhnlich mied er solche Veranstaltungen, aber sein bester Freund hatte ihn fast gewaltsam mitgeschleppt. Das tat er immer wieder, weil er der Meinung war, es täte Ben, der als Lehrer in einer Grundschule arbeitete, gut, auch mal unter Menschen aus der »erwachsenen Welt« zu kommen.

Und da stand sie dann in dieser erwachsenen Welt. Mit einem Glas Sekt in der einen und einem kleinen Häppchen in der anderen Hand. Inmitten all dieser Hosenanzugsgeschäftsfrauen und Männer in dunklen Anzügen blinzelte ihn ihr orangefarbener Pullover vergnügt an. Sie rief sofort sein Interesse wach. Also pirschte er sich an und gesellte sich unauffällig zu der Gruppe, mit der sie zusammenstand. Schon nach wenigen Minuten kamen sie ins Gespräch. Der farbenfrohe Pullover hatte nicht zu viel versprochen. Hanna war erfrischend, schlagfertig, witzig und obendrein hübsch. Und was das Beste daran war, sie schien seine Gesellschaft genauso zu genießen wie er die ihre. Sie umkreisten einander, flirteten und lachten. Am Ende des Abends gab er ihr ganz trickreich seine Visitenkarte, woraufhin sie auch ihre zückte. Und schon hatte er ihre Nummer! Bereits drei Tage später willigte sie ein, sich mit ihm zum Abendessen zu treffen. Von dem Moment an nahm alles seinen Lauf.

Und jetzt waren sie hier, fuhren zusammen Ski, und Ben konnte sein Glück kaum fassen. Obwohl es das erste Wochenende war, das sie gemeinsam verbrachten, herrschte schon eine große Vertrautheit zwischen ihnen. Es war so leicht, mit ihr über alles zu sprechen. Ben hatte das Gefühl, Hanna alles sagen zu können. Und sie verstand ihn. Noch nie hatte er irgendeinem Menschen gegenüber ein so großes Mitteilungsbedürfnis gehabt. Und er wollte auch alles von ihr wissen. Alles, was sie bewegte, was sie dachte, was sie machte. Sogar gebetet hatten sie miteinander. Das war eine ganz neue Erfahrung für ihn, und obgleich ungewohnt, schien es ihm keine schlechte.

Hanna war anders, anders als alle Mädchen, die er bislang getroffen hatte. Anders als die Freundinnen, die er bislang gehabt hatte. Noch nie zuvor hatte Ben sich die Frage gestellt, ob es klug sei, gleich ein Zimmer zusammen zu nehmen. Er war immer einfach davon ausgegangen, dass dies das einzig Richtige sei. Nie hatte er sich darüber Gedanken gemacht. Mit Hanna war es ein Thema, über das sie sprachen. Es war nicht unangenehm, sondern einfach so, dass gewisse

Fragen geklärt wurden. Und er war bereit, sich ihnen zu stellen. Er wollte alles hinterfragen und neu durchdenken. Hanna wirbelte sein Denken und Leben komplett durcheinander. Kein Zweifel: Er war bis über beide Ohren verliebt. Mehr noch: Er wurde das Gefühl nicht los, endlich seine andere Hälfte gefunden zu haben. Den Menschen, der ihn vervollständigte.

Ben rollte sich wieder zur Seite, um Hanna erneut zu betrachten. Sein Blick wanderte über ihr klassisch geschnittenes Gesicht: Sie hatte eine gerade Nase, klare blaue Augen, die allerdings gerade unter den geschlossenen Lidern verborgen lagen, einen schmalen Mund und hohe Wangenknochen. Sie ist schön, dachte Ben. Auf eine altmodische Art und Weise schön. Ihre Haare, die sie normalerweise immer in einem Zopf zusammenhielt, lagen wirr und feucht auf der Bettdecke. Sie war groß und schlank.

Ben wünschte sich, sie würde aufwachen und ihn anlachen. Denn meistens lächelte sie. Lachen lag ihr. Es kam ihr leicht über die Lippen. Dennoch war sie ein unglaublich beherrschter und kontrollierter Mensch, wie er herausgefunden hatte.

Ganz im Gegensatz zu ihm selbst. Er wusste, dass er impulsiv, spontan und manchmal chaotisch war. »Kindskopf«, schimpfte ihn seine jüngere Schwester Alexandra manchmal liebevoll. Nicht zu Unrecht. Es wäre schön, wenn Hanna Alexandra bald kennenlernen würde, dachte er. Sie würden sich bestimmt gut verstehen.

Gerade diese Art, wie Hanna sich unter Kontrolle hatte, faszinierte ihn vom ersten Gespräch an. Ruhig und analytisch ging sie Situationen und Probleme an. Energie schien sie für zwanzig Leute zu besitzen. Und am liebsten, wie er schnell herausgefunden hatte, investierte sie ihre Energie in ihre Freunde. Sie war zu allem bereit: Hilfe anzubieten, zu geben, sich zu kümmern. Ja. Im Grunde kümmerte sie sich gerne um andere Menschen. Sie konnte gut organisieren und packte die Dinge an. Und dabei hatte sie einen trockenen Humor, der die Menschen um sie herum häufig erstaunte …

Ben musste leise auflachen, weil sich die Freude in ihm so ausbreitete, dass sie ein Ventil brauchte. Ständig brachte sie ihn aus dem Konzept mit ihren trockenen Sprüchen. Sie war ein erstaunlicher Mensch. Eine erstaunliche Frau. Ben konnte den Blick nicht von Hannas Gesicht abwenden. Treue war der Begriff, den er sehr schnell mit ihr verband. Weil sie das ausstrahlte und es aus jedem ihrer Worte und ihren Gesten sprach. Treue zur Familie, Treue zu Freunden, Treue zu Gott. Und Treue zu sich selbst. Früher dachte Ben, dass man Treue lange erproben muss, sie nicht einfach da sein kann.

Bei Hanna war das anders.

Das Überraschende war, fand er, dass sie überhaupt so überraschend war. Denn weder auf den ersten noch auf den zweiten Blick würde man viele Überraschungen erwarten. Sie war so klar in ihrem Wesen und eindeutig in ihren Aussagen, dass er dachte, sie schnell zu begreifen. Aber sie überraschte ihn immer wieder; eigentlich andauernd. Zum Beispiel mit ihrer inneren Gegensätzlichkeit. Ihrem starken Hang zur Ironie, die sich mit einer ausgesprochen scharfen und direkten Art verband. Sie wich den Problemen, die sich ihr stellten, nicht aus. Warum auch:

»Probleme sind dazu da, gelöst zu werden«, hatte sie ihm schon bei ihrer ersten Begegnung gesagt, den Schalk in den Augen. Es war aber durchaus ernst gemeint. Man läuft weder vor Problemen weg, noch schiebt man sie vor sich her. Man löst sie eben. »Nicht man«, dachte Ben. »Ich.«

Er wusste, dass das ein Punkt war, an dem er noch viel arbeiten musste.

Nicht man. Er.

Ben seufzte glücklich, dann wälzte er sich beschwingt vom Bett, um als Erster unter die Dusche zu springen. Später wollten sie gemeinsam essen gehen, und er freute sich darauf, mehr von dieser faszinierenden Person zu erfahren. Er wollte sie ganz entdecken. Schicht um Schicht. Und es gab viele Schichten. Das hatte er schon durchschimmern sehen. Als er gerade ins Bad gehen wollte, blinkte sein Handy. Sein altes Nokia sah geradezu niedlich aus neben dem geschäftsmäßigen Blackberry von Hanna, der direkt daneben lag. Ein Anruf in Abwesenheit.

Zwei Wochen später.

Mit geröteten Augen saß ihm Hanna gegenüber. Sie hatten sich in einer Pizzeria getroffen, und er hatte gerade seinen Bericht beendet. Ihre Hände falteten sorgfältig die Serviette, was sie nicht einmal zu bemerken schien. Ben hätte gern nach diesen Händen gegriffen, er konnte die Distanz aber nicht überwinden, die sich zwischen ihnen aufgebaut hatte. Schon die Begrüßung war nicht so gewesen, wie er sich das gewünscht hätte. Aber Ben war so angespannt, dass er sie nicht locker in die Arme schließen konnte. Und Hanna hatte wohl geahnt, dass dies kein einfaches Date werden würde. Tagelang hatte sie schon ungeduldig auf eine Nachricht von ihm gewartet. Verunsichert hatten sie sich begrüßt. Nicht wissend, ob das, was zwischen ihnen gewesen war, noch Bestand hatte.

Hanna versuchte nicht, ihre Tränen zurückzuhalten, während er sprach. Nicht, nachdem er ihr vor kurzem erst den Weg zu ihren Gefühlen gezeigt hatte. Das hatte sie ihm gesagt: dass er der Erste wäre, der zu ihr durchgedrungen sei. Der Erste, der ihr Herz voll und ganz erobert habe. Und jetzt liege es offen, bereit zu allem. Erst zwei Wochen war es her, dass er diese Worte aufgesaugt hatte. Und sein Herz war vor Freude fast zersprungen, seine Augen waren feucht geworden von diesem überwältigenden Gefühl.

Heute war er schuld an ihren Tränen. Tränen, die nicht von Freude oder Rührung sprachen, sondern von Schock, Trauer und Ernüchterung. Heute war es seine Schuld, dass dieses Herz, das sich ihm gerade erst geöffnet hatte, blutete und weinte.

Still saß er da und fixierte sie. Er hatte ihr alles erzählt. Jedes Detail. Er hat nichts ausgelassen. Schonungslos hatte er ihr die ganze Wahrheit dargelegt. Und sie hatte aufmerksam gelauscht. Erst riss sie ihre Augen erstaunt und geschockt weit auf. Dann wurde ihr Blick verwirrt und nachdenklich. Und dann, nachdem die ersten Tränen versiegt waren, voller Anteilnahme. Anteilnahme für ihn. Nur leicht überlagert von dem Schmerz, der sich bereits mit dem auseinandersetzte, was das Gesagte nach sich ziehen würde. Ben war sich bewusst, dass er das nicht verdient hatte: Diese bedingungslose Liebe, dieses Verständnis. Erschöpft und irgendwie leer, stützte er den Kopf in die Hände. Zu viel war in den letzten zwei Wochen geschehen. Er hatte noch keine Ruhe gefunden, keine Zeit, seine Gedanken zu ordnen. Er wusste nur, dass er mit Hanna sprechen musste. Weil sie Ehrlichkeit verdiente.

Am Telefon konnte er es ihr nicht sagen. Und so hatte er ihre Anrufe nicht entgegengenommen, wohl wissend, wie sehr er sie damit verletzte. Also hatten sie ein Gespräch vereinbart, per SMS. Müde rieb sich Ben die Augen. Er hatte nicht viel geschlafen in den letzten Tagen.

Die Nachricht auf seinem Handy stammte von seiner Ex-Freundin Lina. Sie müsse ihn dringend sprechen, lautete sie. Er hatte sie zunächst ignoriert. Auch Linas beharrlich folgende Anrufe, die ihm auf die Nerven gingen. Hanna wusste von Lina. Weil Ben ihr tatsächlich alles erzählt hatte. Uneingeschränkt und rückhaltlos. Und schließlich war sie es gewesen, die ihn gedrängt hatte, jetzt doch einmal ans Telefon zu gehen. Das sei einfach keine Art, Ex hin oder her. Schließlich war er mit Lina vier Jahre zusammen gewesen. Und die Beziehung war nach langem Hin und Her erst vor vier Monaten endgültig zu Ende gegangen. So war Hanna: ehrlich und direkt und mit einem starken Gerechtigkeitssinn ausgestattet.

Also hatte er den nächsten Anruf von Lina entgegengenommen, und die Lawine, die bereits im Anrollen gewesen war, brach über ihn herein und riss ihn mit. Lina war völlig aufgelöst. Sie müsse ihn sehen. So bald wie möglich. Und nein, das sei nicht am Telefon zu besprechen. Richtig hysterisch klang sie. Also vereinbarte er ein Treffen mit ihr und versuchte sie zu beruhigen. Hanna fand das in Ordnung, dass er sich mit ihr traf. Er hatte ihr das Gespräch eins zu eins wiedergegeben, und sie waren sich einig, dass Ben das durchstehen musste. Die Verbindung mit Lina hatte ein unerfreuliches Ende genommen. Ben hatte schon länger gewusst, dass ihre Beziehung keine Chance hatte. Aber er hatte sich nicht durchringen können, sie zu verlassen. Schließlich hatte er dann doch einen Schlussstrich gezogen, aber Lina wollte diesen nicht akzeptieren.

Hanna sah das ganz klar: Wenn da noch etwas mit Lina abzuschließen sei, dann sollte er sich dem stellen. Und zwar besser heute als morgen. Sonst hätte ihre eigene Beziehung keine Zukunft.

Lina hatte nicht auf ihr vereinbartes Treffen gewartet, sondern ihn in seiner Wohnung empfangen, als er bepackt mit Skisachen die Tür geöffnet hatte. Innerlich verfluchte er sich, dass er ihr den Schlüssel noch nicht wieder abgenommen hatte. Aber dann war das in den Hintergrund getreten: Lina eröffnete ihm ohne Umschweife, dass sie schwanger sei. Im vierten Monat. Von ihm. Und dass sie das Kind abtreiben werde, wenn er nicht zu ihr zurückkäme. Wumms. Das traf ihn wie ein Gummihammer auf den Hinterkopf. Lina schrie und heulte, dann jammerte sie, klammerte sich an ihn und flehte. Ben war völlig vor den Kopf geschlagen, und sein Leben, seine Träume und Pläne zersprangen mit drei Sätzen in tausend Stücke:

Sie ist schwanger.

Ich werde Vater.

Wir werden Eltern.

Wünsche und Träume, die sich seit etwa zwei Wochen in ihm regten, wenn er an Hanna dachte. Hanna und nicht Lina.

Die nächsten Tage gingen in einer Flut von Gedanken, Streitigkeiten und Beschwichtigungen unter. Hannas Anrufe hatten in diesem Chaos keinen Platz gefunden, sosehr es ihn auch schmerzte. Sie hatte es nicht verdient, kurz abgekanzelt zu werden. Sie hätte es verdient, die Wahrheit zu wissen. Aber Ben war nicht in der Lage, sich ihr zu stellen. Noch nicht. Obwohl in seinem Kopf komplettes Chaos herrschte, wusste er, dass er Lina als Erstes von dem Gedanken an eine Abtreibung abbringen musste. Damit hatte sie ihm gedroht, wenn er nicht zu ihr zurückkäme. Und ihm war, trotz des Schocks in der Sekunde, in der sie ihn mit der Neuigkeit konfrontiert hatte, klar gewesen: Ich werde Vater. Das ist mein Kind. Und mein Kind wird leben. Er musste sich darum kümmern. Um alles musste er sich kümmern ...

Ben seufzte tief. Dann spürte er Hannas Hände, die sanft nach seinen griffen. Er sah auf und blickte in ihre blauen Augen. Sie schimmerten immer noch feucht, aber er konnte sehen, dass Hanna bereits einen Entschluss gefasst hatte.

»Du brauchst Zeit. Das verstehe ich. Nimm dir die Zeit, die du benötigst. Ich bin da, wenn du mich brauchst.« Sie stockte. Er konnte sehen, wie sie mit sich rang.

»Ich kann ... ich will ...«, sie fuhr sich mit der Hand über die Stirn, als wollte sie die Sorgenfalten wegwischen, die sich in den letzten Minuten darauf gebildet hatten. Dann schüttelte sie den Kopf, was aber nicht ihm zu gelten schien, sondern dem Gedanken, den sie gerade formulieren wollte. Sie atmete tief durch und blickte ihn wieder an.

»Wenn du das alleine regeln möchtest, dann werde ich das akzeptieren. Ich kann warten. Ich kann da sein. Ich ...«, sie zögerte. »Ich weiß, dass wir es wert sind. Das können wir durchstehen!«

Er konnte förmlich sehen, wie sie ihren eigenen Schmerz, die Verwirrung und Angst verpackte und irgendwo versteckte, um sich ihm zuzuwenden und ganz für ihn da zu sein. Ungläubig schüttelte Ben den Kopf. Womit hatte er das bloß verdient?

Hanna fuhr fort: »Das ist etwas, vor dem du nicht weglaufen kannst. Du wirst Vater. Und egal, was kommt. Das Kind wird immer ein Teil deines Lebens sein!«

Hanna hatte recht. In allem. Und sie war bereit, ihm alle Freiheit zu geben, die er dazu brauchte. Am liebsten hätte er sie in die Arme genommen und geküsst. Aber es war nicht der richtige Augenblick dafür. Gleichzeitig hatte die innere Größe, die aus ihren Worten sprach, etwas Einschüchterndes. Hätte sie geweint und ihn angeklagt, wäre es ihm wahrscheinlich leichter gefallen, damit umzugehen. Er war sich bewusst, dass er Hanna jetzt nicht gerecht werden konnte. Er konnte nicht von ihr verlangen, dass sie Teil seines Chaos wurde. Nicht mit Lina im Hintergrund. Mit Lina und dem Kind. Lina wusste nichts von Hanna. Und Ben wusste, dass er Lina nicht von Hanna erzählen durfte, weil sonst die Hölle los wäre. Weil er das Kind schützen musste. Lina war unberechenbar. Seit ihre Mutter gestorben war, als sie fünfzehn Jahre alt war, war sie extrem labil. Das hatte er immer gewusst. Und der Gedanke daran, ein Kind alleine aufzuziehen, versetzte Lina in Panik.

Am Anfang war diese kindliche Ängstlichkeit wohl auch ein Grund gewesen, warum er sich in sie verliebt hatte. Weil Lina ihn zu brauchen schien. In den Jahren ihrer Beziehung stellte sich das zunehmend als Belastung heraus. Lina wäre durchaus zu einer Kurzschlussreaktion fähig, wenn sie erführe, dass es eine andere Frau in Bens Leben gab.

Es quälte Ben, dass er nicht in der Lage war, zu Hanna zu stehen. Aber innerlich hatte er bereits eine Entscheidung gefällt. Die erste Priorität galt seinem ungeborenen Kind. Er versuchte in Worte zu fassen, was in ihm vorging. Er versuchte Hanna zu erklären, was ihn bewegte. Aber er fand nicht die richtigen Worte. Er wusste ja selbst kaum, was er empfand.

Ruhig blickte Hanna ihn an: »Ich kann warten, Ben. Ich liebe dich!«

Zwei kurze Sätze, in denen alles gesagt war. Konnte er das von ihr verlangen? Dass sie wartete? Ins Ungewisse hinein? Es war nicht abzusehen, wie lange das Warten dauern würde. Bis zur Geburt? Würde es einen Punkt geben, an dem die Situation so geregelt sein würde, dass er sie Hanna zumuten könnte? Würde ihn Lina irgendwann loslassen? Hatte Hanna nicht etwas Besseres verdient? Die Gedanken und Fragen in seinem Kopf waren wie ein großes, verwirrtes Wollknäuel. Er konnte weder einen klaren Gedanken noch einen wirklichen Entschluss fassen. Er musste hier raus. Er musste laufen gehen. Das half ihm immer. Auch wenn sein Herz über den Tisch in Hannas Arme springen wollte, in dieser Sekunde konnte er ihre verständnisvollen Augen nicht ertragen. Und selbst das schien sie zu begreifen, denn Hanna kam ihm zuvor: »Danke, dass du ehrlich zu mir warst, Ben! Ich muss jetzt los. Es tut mir leid. Aber du weißt, dass ich immer für dich da bin, oder? Melde dich, wenn du willst!«

Sie drückte ihm einen letzten Kuss auf die Lippen, atmete tief durch und ging.

MÄRZ

ODER

»WER, WIE, WAS;
WIESO, WESHALB,
WARUM.«

Klack, klack. Nervös versuchte Clara sich auf das Geschehen am Altar zu konzentrieren. Aber ihre neuen Schuhe waren ein bisschen zu groß, und wenn sie so in der Bank kniete, rutschte ihre Ferse immer heraus, und die Schuhe fielen mit einem leisen »klack, klack« zu Boden. Hätte sie doch lieber ihre gemütlichen alten Schuhe angezogen. Auch das weiße Kleid zwickte unter den Armen. Clara seufzte leise und zog ein bisschen am Ärmel. Sie war etwas größer, als ihre Schwestern in ihrem Alter gewesen waren. Aber das Kommunionkleid war Tradition. Bereits ihre beiden älteren Schwestern hatten es vor ihr getragen. Clara war ein bisschen stolz, dass jetzt sie das Kleid tragen durfte. Wenn es bloß nicht so zwicken würde. Nur neue Schuhe hatte sie bekommen. Von Tante Sarah. Und die waren zu Claras Leidwesen ein bisschen zu groß. Angestrengt verkrampfte Clara ihre Zehen, um die Schuhe in Position zu halten. Klack, klack. Es hatte keinen Zweck. Sie atmete tief durch.

Sie wollte jetzt nicht an ihre Schuhe denken, sondern sich auf Jesus konzentrieren, der in nur wenigen Minuten bei ihr einziehen würde. Aufgeregt begann ihr kleines Herz bei diesem Gedanken zu pochen. Seit Wochen hatte sie jeden Dienstag brav den Kommunionunterricht besucht, der von ihrer Tante Sarah geleitet wurde. Clara hatte die Vorbereitung zur ersten heiligen Kommunion geliebt. Und das nicht nur, weil sie Tante Sarah so mochte. Es war auch wirklich spannend gewesen. Sie hatte nicht recht verstanden, warum einige ihrer Freunde, Felix allen voran, ständig Quatsch machen mussten und über alles kicherten. Die Geschichten waren cool, und sie glaubte auch, dass sie wahr waren. Das hatte sie schon gewusst, als sie noch klein war. Jeden Abend betete der Vater mit ihr und den Schwestern. Und sie durften Jesus alles erzählen, was am Tag geschehen war: das Gute und das Schlechte. Darum war Jesus ihr vertraut. Sie kannte alle Geschichten aus der Kinderbibel und hatte von jeher eine tiefe Freude dabei empfunden, wenn ihr Vater daraus vorlas.

Claras Blick glitt über die Kirchenbänke, in denen alle ihre Freunde versammelt waren. Direkt neben ihr saß ihr bester Freund Felix und schlenkerte unruhig mit den Beinen, weil sie zu kurz waren und nicht bis zum Boden reichten. Alle waren sie fein herausgeputzt. Es sah ungewohnt und feierlich aus. Alle Mädchen trugen weiße Kleider, die Jungs schwarze, schon richtig erwachsen aussehende Anzüge. Felix trug sogar eine Krawatte, die er von seinem Onkel Ferdinand zu diesem Anlass geschenkt bekommen hatte. Natürlich saß sie schief. In der Reihe hinter ihnen hatte Tante Sarah mit Serena Platz genommen, und leise flüsterte sie den Kindern zu, wann es Zeit war, sich hinzuknien oder aufzustehen. Sie hatten es natürlich gelernt und schon viele Male vorher geübt. Aber in der Aufregung vergaß Clara immer wieder, was jetzt dran war. Es war unglaublich beruhigend, dass jemand da war, der sie anleitete.

Klack, klack. Schon wieder! Mit einer entschlossenen Handbewegung beugte sich die Achtjährige nach unten und streifte ihre Schuhe ab.

Basta. Die ollen Dinger würden sie nicht mehr stören. Nicht heute, nicht hier, nicht jetzt! Erleichtert richtete sie sich wieder auf, faltete andächtig die kleinen Hände und blickte zum Priester hin, der gerade die Wandlung vollzog. Tante Sarah hatte ihnen genau erklärt, was da geschah, aber Clara hatte eigentlich nur begriffen, dass ihr Freund Jesus irgendwie in den kleinen Hostien lebte. Und durch diese in ihr Herz kommen werde.

Felix hatte im Kommunionunterricht gefragt, wie das denn möglich sei. Wie das ginge, dass eine einzige Person sich auf so viele Hostien verteilte und in jeder einzelnen ganz drin sei. Die anderen Kinder hatten die Frage neugierig aufgegriffen und erregt durcheinandergerufen. Tante Sarah hatte sich von der Frage nicht aus dem Konzept bringen lassen, sondern die Kinder kurzerhand mit nach draußen auf den Hof genommen. In der Hand trug sie einen Spiegel. Sie ließ jedes Kind in den Spiegel schauen. Felix schnitt eine Grimasse, die alle zum Lachen brachte.

»Und? Habt ihr euch ganz gesehen in dem Spiegel?«, wollte ihre Tante wissen. »Jaaaa ...«, brüllten die Kinder ausgelassen. Clara war gespannt, was jetzt kommen würde. Tante Sarah hatte sich umgedreht und den Spiegel auf den Boden fallen lassen. Er war mit lautem Krachen in tausend kleine Stücke zersprungen, und die Kinder waren erschrocken zurückgewichen. Aber Tante Sarah hatte nur gelacht und sie zu den Spiegelscherben gewunken.

»Schaut mal genau hin. In jeder kleinen Scherbe könnt ihr euer ganzes Gesicht sehen. So ähnlich ist das mit Jesus in den Hostien.«

Erstaunt hatte Clara sich über die Scherben gebeugt. Tatsächlich. In jeder einzelnen war ihr Gesicht zu sehen. Nicht ein Stück davon, sondern das Ganze. Auch Felix war ganz still geworden, als er die Scherben betrachtet hatte. Nur ein leises »Oh« war noch über seine Lippen gekommen.

Neugierig heftete Clara jetzt wieder den Blick auf das kleine Stück Oblate, welches der Priester in diesem Moment in die Höhe hielt. Tatsächlich hatte sie das schon viele Male beobachtet. Schließlich hatten ihre Eltern sie immer mit in die Kirche genommen. Sie wusste, dass sie als kleines Kind getauft worden und so »Teil der Gemeinde« war, auch wenn sie nicht genau verstand, was das eigentlich bedeutete. Die Kirchgänge waren nicht immer spannend gewesen, im Gegenteil. Oft hatte sie sich gelangweilt, und nur die kleinen Bibelbüchlein hatten ihr die Zeit vertrieben. Aber heute war es etwas anderes. Das konnte sie deutlich spüren. Heute Morgen, als ihr Vater sie geweckt hatte, hatte er sich an ihr Bett gesetzt und sie ganz ernst angesehen. So wie man einen Erwachsenen ansieht. Und dann hatte er gesagt:

»Heute, mein Kleines, ist ein ganz besonderer Tag für dich. Der erste Tag vom Rest deines Lebens!« Dann hatte er gelacht und ihr liebevoll aufs Haar geküsst.

Ihr kleines Herz pochte aufgeregt. Heute war ihr Tag. Heute war der Tag, an dem Jesus in ihr Herz einziehen würde. Darauf hatte sie sich vorbereitet. Dafür hatte sie extra sauber gemacht!

Die Beichte ist wie Zimmer aufräumen, hatte Tante Sarah gesagt. Nur, dass man sein Herz aufräumt. Gestern waren die Kommunionkinder beichten. Damit ihr Herz sauber und bereit war, wenn Jesus das erste Mal dort hineinkäme.

Clara fand das logisch. Obwohl sie eigentlich keine Angst vorm Beichten hatte, war es ihr gestern ein wenig unheimlich gewesen, ganz alleine in den dunklen Beichtstuhl zu treten. Es hatte sich angefühlt, als läge ihr ein Stein im Magen, und sie hatte sich gefragt, ob das die Sünden waren, die sich schon mal sammelten, um ausgespuckt zu werden. Dass Sünden etwas Schlechtes waren, hatte sie begriffen. Und daher mussten sie weggemacht werden, damit Jesus es schön haben konnte in ihr. Und dann erzählte sie dem Priester alles, was sie Schlimmes getan hatte. Sie beichtete ihm sogar, dass sie neulich mit Absicht alle Spielsachen in der Gegend herumgeschmissen hatte, so groß war die Wut gewesen, die sie auf ihre Mutter gehabt hatte. Diese Wut kam manchmal, und Clara wusste nicht recht, warum. Nach so einem Wutausbruch war sie manchmal ganz verwirrt über sich selbst. Das alles hatte sie dem Pfarrer gebeichtet. Er hörte ihr ganz ernst zu und sagte anschließend, dass ihr ihre Sünden vergeben waren. Und dann sollte sie drei Vaterunser beten und den Herrn bitten, ihre Wut wegzunehmen. Und sie sollte sich bei ihrer Mutter entschuldigen. Als sie aus dem Beichtstuhl kam, merkte Clara, dass der Stein in ihrem Magen verschwunden war und sie sich ganz erleichtert fühlte. Das hieß dann wohl, dass die Sünden tatsächlich weg waren. Die drei Vaterunser waren ziemlich anstrengend, aber bei der Mutter entschuldigte sie sich gerne. Die hatte nur gelacht und sie fest in die Arme genommen. Clara war so erleichtert gewesen. Sie war erstaunt, dass es so guttun konnte, sich zu entschuldigen.

»Jetzt seid ihr dran, Kinder«, drang die Stimme des Priesters in ihr Bewusstsein. Sie war so in Gedanken versunken gewesen, dass sie gar nicht richtig mitbekommen hatte, dass die Wandlung schon vorüber war. Aufgeregt begann sie zu zappeln. Und schon war sie an der Reihe. Mit gefalteten Händen trat sie hinter Felix aus der Bank, ging nach vorne und streckte dann die Hände aus. Ihr Blick war fest auf die kleine Hostie gerichtet, die der Pfarrer mit den Worten »Der Leib Christi« in ihre Hand legte. Andächtig betrachtete sie das kleine Stück Brot und wandte sich ganz vertieft um, um zu ihrem Platz zurückzugehen. Plötzlich wurde sie von zwei großen Händen gepackt und mit einem heftigen Ruck Richtung Altar gedreht. Clara zuckte erschrocken zusammen und hätte beinahe Jesus fallen lassen. Oh nein, was war passiert? Was hatte sie falsch gemacht?

Es war ihr Vater, der hinter ihr stand und ihr hastig ins Ohr flüsterte: »Man geht nicht mit der Hostie weg – man nimmt sie gleich hier vorne in den Mund.«

Das hatte ihnen keiner gesagt. Oder doch? Clara hatte nicht mehr daran gedacht. Natürlich wollte sie die Hostie essen. Clara war so völlig versunken und deshalb zutiefst erschrocken über Vaters ungewollt heftig vorgetragene Worte. Hastig steckte sie die Hostie in den Mund, und eine Träne kullerte ihre Wange hinunter. Beruhigend legte Vater jetzt von hinten die Arme um sie: »Schon gut, mein Kleines – jetzt ein Kreuzzeichen, und dann kannst du zurück in die Bank gehen.«

Hastig machte Clara ein Kreuzzeichen und eilte zurück an ihren Platz. Erst dort angekommen, merkte sie, dass sie vergessen hatte, ihre Schuhe wieder anzuziehen. Klein, weiß und anklagend standen sie unter der Kniebank. Sie war barfuß nach vorne zum Altar gegangen. Und dann hatte sie auch noch alles falsch gemacht. Verwirrt und innerlich ganz durcheinander, setzte sie sich wieder hin. Tapfer versuchte sie die Tränen zurückzuhalten. Damit keiner sah, dass sie weinen musste, kniete sie sich hin und hielt sich die Hände vor die Augen, als würde sie beten.

Nach einer Weile spürte sie, wie ihr Freund Felix ihr vorsichtig den Rücken streichelte. »Ist doch nicht so schlimm, Clara«, flüsterte er. »Ich habe schon viel größere Dummheiten gemacht!«

Seine unbeholfenen Worte trösteten sie. Dankbar lächelte sie ihn an und wischte sich die Tränen aus dem Gesicht.

Nach der Messe gratulierten ihr alle. Sich in der allgemeinen Aufmerksamkeit sonnend, vergaß Clara ihr Ungeschick in der Kirche. Sie freute sich darauf, nach Hause zu kommen. Es gab ein feines Essen. Ihre älteste Schwester war ex-

tra von der Uni nach Hause gekommen, und ihre Großeltern und Paten waren auch da. Clara fühlte sich ganz
wichtig und erwachsen. Normalerweise gab es bei feinen
Essen immer einen Kindertisch. Heute durfte sie ganz groß
sein und zwischen Vater und Großvater sitzen. Der Tisch
war schön hergerichtet mit weißer Tischdecke und Kerzen.
Das vornehme Essen, das ihre Mutter hergerichtet hatte, war
köstlich und die Stimmung fröhlich und feierlich. Clara
konnte es jedoch kaum erwarten, aufzustehen und ihre Geschenke auszupacken. Mit großen Augen hatte sie bereits am
Morgen den Tisch gesehen, auf dem sich die Päckchen nur
so stapelten. Und alles war für sie. Davon hatte ihr ihre Cousine Serena, die im vergangenen Jahr zur ersten heiligen
Kommunion gegangen war, bereits erzählt. Dass es richtig
viele Geschenke gab. In der Gemeinde war es üblich, allen
Kommunionkindern etwas zu schenken, und so waren da
nicht nur Dinge von ihrer Familie, sondern auch von vielen
Gemeindemitgliedern. Clara hatte gemeinsam mit ihrer
Mutter auch für alle ihre Freunde etwas besorgt.

Aber das Auspacken musste noch warten. Beim Essen
hielt ihr Vater eine kleine Rede auf sie. Er lächelte ihr liebevoll zu und betonte, welch besonderer Tag heute sei. Und
wie stolz er auf seine jüngste Tochter sei. Als er das sagte,
musste Clara plötzlich daran denken, dass sie Jesus beinahe
hatte fallen lassen. Sie schob den Gedanken weg. Aber irgendwie trübte es ihre Stimmung. Die Verunsicherung, die
der Schreck mit sich gebracht hatte, hatte sich tief in ihre
kleine Kinderseele eingeschrieben. Auch wenn sie im Kopf
wusste, dass es nicht so schlimm war, fühlte es sich doch an,
als hätte sie einen grundlegenden Fehler begangen. Plötzlich fand sie das Essen gar nicht mehr so schön. Es beschlich
sie das Gefühl, dass sie es gar nicht verdient hätte, hier
die Hauptperson zu sein. Sie hatte schließlich nicht alles

richtig gemacht. Aber sie lächelte tapfer und unterdrückte ihre Tränen.

Nach dem Essen stellte sich ihre Fröhlichkeit wieder ein, und aufgeregt packte sie zusammen mit Serena ihre Geschenke aus. Besonders freute sie sich über die Bücher. Schon bevor sie in die Schule gekommen war, wollte sie unbedingt lesen lernen. Und es war ihr von Anfang an leichtgefallen. Sie war zwar erst in der zweiten Klasse, aber lesen konnte sie schon ziemlich gut. Als sie gerade eine wunderschöne dicke Kinderbibel auspackte, hörte sie, wie ihre Mutter Tante Sarah klagte, dass die Putzfrau gekündigt habe. Sie wäre viele Wochen im Krankenhaus gewesen und könne jetzt nicht mehr zur Arbeit kommen. Einfach so. Ob sie wisse, was da los sei. Ob es etwas mit dem Tod ihrer Mutter zu tun habe? Immerhin war Tante Sarah ja eine Freundin der Putzfrau.

Clara horchte auf. Deswegen war ihre Mutter wohl gestern so ungehalten gewesen. Kein Wunder. Sie mochte Annemarie, die Putzfrau, sehr gerne. Gemeinsam mit Serena hatte Clara auf einer Beerdigungsfeier in Annemaries Haus geholfen. Außerdem hatte sie immer was Kleines zum Naschen für Clara dabeigehabt. Also war sie über die Nachricht, dass Annemarie wohl nicht wieder kommen würde, sehr traurig. In diesem Moment entdeckte sie Annemaries Geschenk und achtete nicht weiter auf das Gespräch. Annemarie hatte das Päckchen vor ein paar Tagen vorbeigebracht. Clara hatte beobachtet, wie sie kurz mit ihrer Mutter gesprochen hatte, aber ihre Mutter hatte das hellblau verpackte Päckchen natürlich versteckt.

Jetzt hielt sie es in den Händen. Es fühlt sich an wie noch was zu lesen, dachte sie und riss neugierig das Papier ab. Hervor kam ein schönes kleines Buch. Der Einband war aus braunem Leder. Es stand nichts darauf, und als Clara es aufschlug, entdeckte sie lauter leere Seiten. Ein Tagebuch.

Auf der ersten Seite fand sie einen Eintrag. Da stand in schöner geschwungener Handschrift: *Liebe Clara, vielen Dank noch einmal für Deine Hilfe am Tag der Beerdigung meiner Mutter. Herzlichen Glückwunsch zu Deiner Erstkommunion. Ich dachte, jetzt brauchst Du vielleicht ein ganz besonderes Buch, da kannst Du Deine Gedanken hineinschreiben. Alles Liebe, Deine Annemarie.*

Dabei lag noch ein kleines längliches Päckchen, aus dem Clara einen schönen grünen Bleistift auswickelte. Begeistert betrachtete sie das Geschenk. Sie hatte sich schon lange genau so ein Tagebuch gewünscht. Um ihre Gedanken aufzuschreiben. Ihre allergeheimsten nur für sich allein. Stolz drückte sie das Büchlein an ihre Brust.

April

ODER

»Manchmal fühle ich mich wie ein Statist in meinem eigenen Leben.«

N a? Endlich fertig?«
Alexandra musste grinsen, als sie ihre Freundin beobachtete, die einen letzten kritischen Blick in den großen Spiegel warf, der neben der Tür fast die ganze Wand einnahm. Auf dem großen Bett mit der dunkelrosa Überdecke lagen bereits fünf Outfits durcheinander, die dem prüfenden Blick der Trägerin nicht standgehalten hatten.

»Kann ich so gehen?«, fragte Ella und warf Alexandra einen unsicheren Blick zu, während sie nervös das blaue Kleid glatt strich. Es sah perfekt aus. Wie immer. Ella könnte auch einen grauen Sack tragen, und die Männer würden trotzdem auf der Straße die Köpfe verdrehen. Alexandra lachte auf.

»Ja! Du siehst wunderbar aus! Jetzt müssen wir aber wirklich los. Außerdem ist es meine Verabredung!«

Den letzten Satz betonte sie. Dann warf sie theatralisch die Hände in die Luft und rief: »Wie kann man nur so verdammt unentschieden sein? Wenn wir zu spät kommen, dann bringt auch dein tollstes Outfit nichts mehr!«

Alexandra hakte sich bei der Freundin ein und zog sie zur Tür. Sie war immer wieder erstaunt, wie unsicher Ella war. Dabei war sie wunderschön und intelligent. Sie war schlank und hochgewachsen, und ihr langes dunkelbraunes Haar schwang glatt und seidig um ihr anmutiges Gesicht. Die Nase war gerade und spitz, und ihre dunklen Augen waren von langen Wimpern umrahmt. Sie hatte etwas sehr Anziehendes. Dennoch schien sie nicht recht zu glauben, dass sie ein wahrer Blickfang war. Auf der einen Seite wusste sie es natürlich genau. Auf der anderen Seite war ihre Unsicherheit echt.

»Und du willst das ganz bestimmt machen? Du weißt doch nichts über diesen Paul!«, fragte Ella bestimmt zum hundertsten Mal.

»Ganz bestimmt!«, beteuerte Alexandra genauso oft.

Klar konnte sie Ellas Aufregung verstehen. Irgendwie war es süß, dass ihre Freundin so aufgeregt war. Schließlich war Alexandra zu einem Blind Date verabredet und nicht Ella. Ein Blind Date. Was für eine abstruse Idee. Aber ihre beste Freundin hatte sich in den Kopf gesetzt, mit ihr da hinzugehen. Und eigentlich war es ursprünglich auch ihre Idee gewesen. Alexandra wollte erst gar nicht. Aber wie immer, wenn Ella sich etwas in den Kopf gesetzt hatte, wurde es in die Tat umgesetzt. Und eigentlich war es auch kein richtiges Blind Date, dachte Alexandra. Schließlich kannte ihr eigener Bruder Ben den Kerl. Er hatte nicht viel über ihn erzählt. Nur, dass es ein besonders netter Kerl sei. Und es war auch kein »echtes« Blind Date, weil es eigentlich gar kein Date war. Es war eine harmlose Verabredung zu einem Kaffee mit einem Fremden.

Als die Freundinnen sich dem Treffpunkt näherten, überschüttete Ella Alexandra immer noch mit ihren Zweifeln. Manchmal handelte Ella sehr impulsiv. Und fast immer überlegte sie es sich dann noch einmal anders.

»Willst du das wirklich machen? Einen Wildfremden einfach treffen? Was ist da bloß in uns gefahren! Andererseits – warum nicht? Was ist schon dabei, wenn du den Bekannten deines Bruders triffst? Und wenn er nun grässlich ist? Unfreundlich? Ein Psychopath? Nein – so jemanden würde Ben dir bestimmt nicht zumuten. Wenn er sagt, Paul sei ein netter Kerl, dann ist er das auch!«

Nervös plapperte Ella vor sich hin. Alexandra antwortete ihr nicht und versuchte, sich von der Nervosität nicht anstecken zu lassen. Manchmal fühlte sie sich wie ein Statist in ihrem Leben. Auch wenn sie auf dem Weg zu ihrem eigenen Date war, spielte Ella irgendwie die Hauptrolle. Alexandra fand die ganze Geschichte eigentlich gar nicht so aufsehenerregend. Was sollte schon passieren. Aber Ellas Aufregung war doch ansteckend.

Alexandra musste sich ein Grinsen verkneifen. Ella und ihre ständigen Stimmungsschwankungen. Ja – sie wollte da unbedingt mit hin. Nein, nicht das rote, und nein, auch nicht das gelbe Kleid. Oder lieber doch nicht hingehen? Doch. Auf jeden Fall. Dieses Hin und Her konnte einem schon ordentlich auf die Nerven gehen, aber bei Ella machte es Alexandra irgendwie nie etwas aus. Ella war einfach so. Und sie riss Alexandra häufig mit ihrer Begeisterung mit. Vielleicht lag es gerade daran, dass sie sich so schätzten, weil sie beide so gegensätzlich waren. Alexandra hatte eigentlich selten Schwierigkeiten, sich zu entscheiden, geschweige denn hätte sie Lust, zwei Stunden lang die verschiedensten Kleiderkombinationen auszuprobieren. Ihre Freundin dabei zu beobachten machte ihr jedoch Spaß. Da konnte sie auf dem Bett liegen und ihren Gedanken nachhängen beziehungsweise sie auch mit Ella teilen. Sie zwinkerte Ella zu und meinte in verschwörerischem Ton: »Wir schlendern einfach erst mal an dem Café vorbei und werfen einen Blick durchs Fenster. Und dann können wir immer noch weggehen, wenn wir ihn grässlich finden. Was meinst du?«

»Alexandra?«, ertönte da eine angenehm tiefe Stimme hinter ihnen. Alexandra warf dem gutaussehenden Mann, den sie spontan auf Mitte dreißig schätzte, einen fragenden Blick zu. War das etwa Paul? Aus dem Augenwinkel sah sie, wie Ella erschrocken zusammenfuhr. Jetzt gab es kein detektivisches »Vorbeischlendern« mehr.

Sie lachte auf. Man könnte meinen, es sei Ellas Verabredung und nicht ihre.

»Hi«, stellte sich der Mann im selben Atemzug vor: »Ich
bin Constantin. Ich habe dich gleich erkannt. Ich habe dein
Bild auf Facebook gesehen und bin hier, um dich für Paul
zu ›erspähen‹!«, wandte er sich an Alexandra. Dabei lachte er
herzlich. Alexandra stieg unvermittelt das Blut in die Wangen, und sie nickte. Ungewohnt schüchtern schlug sie die
Augen nieder und starrte auf ihre Turnschuhe. Ausgelatschte
graue Dinger waren das. Mit einem Mal wünschte sie sich,
sie hätte auch etwas auf ihr Aussehen geachtet. Sie fühlte
sich irgendwie überrumpelt. Wer war dieser Constantin, und
was mochte das bedeuten, er sei hier, um sie zu »erspähen«?
Er sagte das so, als habe es etwas zu bedeuten, aber Alexandra verstand nur Bahnhof. Mit den Überraschungen war es
offensichtlich noch nicht zu Ende.

»Das ist mein Bruder Paul!«, sagte Constantin in diesem Augenblick, und erst jetzt entdeckten die Mädchen den zweiten jungen Mann, der plötzlich hinter Constantin auftauchte. Er war genauso groß wie Constantin und trug eine
dunkle Sonnenbrille. Das war also Paul. Automatisch streckte Alexandra ihm die Hand hin und betrachtete ihn neugierig. Sie wusste von Paul nur, dass ihr Bruder und er zusammen in Marburg studiert hatten.

»Paul, das sind Alexandra und …«, wandte sich Constantin
an seinen Bruder und sah dabei fragend Ella an.
»Ella!«, murmelte die hastig und schaute verwirrt von einem zum anderen. Dann nahm Constantin Pauls Hand und
legte sie in Alexandras. Paul lächelte in ihre Richtung und
betastete mit beiden Händen die Hand des Mädchens. Er ist
blind, schoss es Alexandra durch den Kopf, und sie musste
schlucken. Leichter Ärger stieg in ihr hoch. Das war wieder
typisch für ihren Bruder. Manchmal hatte Ben einen echt

schrägen Humor. Kindskopf! Ein Blind Date. Und Paul ist blind. Dieses Detail hatte er mit keinem Wort erwähnt. Dieser Idiot!

Peinlich berührt, zog sie ihre Hand zurück.

»Hallo«, murmelte sie.

»Er ist blind«, erklärte Constantin, als sei dies die normalste Sache der Welt und kein Grund, sich länger damit aufzuhalten, und wendete sich zu Ella um. Auch Ella gab jetzt Paul die Hand und betrachtete ihn mit offenem Interesse. Ihren ersten Schreck hatte sie längst überwunden. Jetzt war sie bereits mittendrin in der Situation und funktionierte einfach.

»Ein Kaffee gefällig, die Damen?«

Alexandra nickte überrumpelt und konnte ihren Blick nicht von Pauls Gesicht abwenden. Er trug eine dunkle Sonnenbrille, und nun entdeckte sie auch den Blindenstock, der um sein linkes Handgelenk baumelte. Es war so einer, den man mit einem Schwung ausfahren oder zusammengeschoben, wie eben bei Paul, am Handgelenk baumeln lassen konnte. Paul sagte freundlich »Hallo«, legte Constantin dann eine Hand auf die Schulter und folgte ihm ins Café. Er bewegte sich vorsichtig, aber nicht unsicher. Man sah, dass die Brüder dies gewohnt waren.

Über ihren Caffè Latte gebeugt, beobachtete Alexandra Ella und Paul. Sie hatten sich an einen Vierertisch gesetzt. Paul neben ihr und Ella und Constantin gegenüber. Ella unterhielt sich bereits angeregt mit Paul. In solchen Situationen bewunderte Alexandra ihre Freundin maßlos. So unentschlossen sie auch in vielen Dingen war, unter Menschen war sie ganz zugewandt, ganz da. So wie jetzt mit Paul. Sie saß ihm gegenüber und fragte ihn ganz ungezwungen aus: Wie es so sei, blind zu sein, wie lange er schon blind sei, wie er damit klarkomme. Und so, als hätte sie tagtäglich mit blinden Menschen zu tun, zeigte sie ihm, wo sein Kaffee stand, und führte seine Hand zum Löffel und zur Zuckerdose. Sie machte das, ohne dabei besonders fürsorglich oder betulich zu wirken. Es kam ganz natürlich aus ihr heraus. Das war eine besondere Gabe, die Ella hatte. Sie konnte sich auf Menschen ganz einlassen und sich in sie hineinversetzen.

Ella war ein Mensch mit Widersprüchen. Auf der einen Seite besaß sie diese intensive Fröhlichkeit. Wenn sie gute Laune hatte, dann war das nicht zu übersehen. Dann sang sie, lachte, gab zu allem ihren Kommentar. Sie war ständig in Bewegung, hatte Hummeln im Hintern und riss alle mit. Es war wunderbar, wenn es ihr gutging. Wenn es ihr schlechtging, bekamen das allerdings nur wenige mit. Nur wenn man sie gut kannte, ließ sie einen dann in ihr Inneres blicken. Denn wenn es ihr schlechtging, zog sie sich in ihr Schneckenhaus zurück. Dann ging sie auf Tauchstation.

Eines hatte Alexandra schon lange begriffen. Mit Ella und den Männern, das war keine einfache Sache. Dieses himmelhoch jauchzend und zu Tode betrübt. Was Ella suchte und was sie brauchte, war Stabilität. Gleichzeitig machte es Ella Angst, sich voll auf etwas einzulassen. Verstehen konnte Alexandra das geringe Selbstbewusstsein der Freundin nur schwer. Sie sah gut aus, war witzig und ein Herz von einem Menschen. Sie lebte ganz im Hier und Jetzt. Selten schien sie in der Vergangenheit zu hängen oder Gedanken an die Zukunft zu verschwenden.

Alexandra musste lächeln, als Ella Paul bat, die Sonnenbrille abzunehmen, damit sie seine Augen sehen konnte. Das zum Beispiel hätte sich Alexandra nie getraut. Sie schüttelte den Kopf und musste über sich selbst lachen. Das war wieder typisch für sie. Da war sie auf ihrem Date und dachte die ganze Zeit nur über die anderen nach. Entschlossen wandte sie sich wieder Constantin zu, der ihr gegenübersaß und in seinem Käsekuchen stocherte.

»Ja, Paul hat in Marburg Informatik studiert. Da haben sie extra Einrichtungen für Blinde«, erzählte Constantin auf ihre Frage hin. »Er kommt gut klar – und wie's ausschaut, spannt dir gerade Ella dein Date aus.«

Er blinzelte Alexandra zu und lachte dabei. Es schien ihn nicht zu stören, und seine lockere Art nahm Alexandra langsam, aber sicher die Hemmung. Seine gelassene Fröhlichkeit war ansteckend.

Alexandra entspannte sich zusehends und bestellte eine zweite Runde Kaffee. Sie war zwar hergekommen, um Paul zu treffen, aber der schien sich so gut mit Ella zu verstehen, dass sie sich gerne Constantin zuwandte. Ihren Ärger über ihren Bruder hatte sie runtergeschluckt. Sie würde ihm später ordentlich die Meinung sagen. Das war einer seiner Witze, die einfach nicht witzig waren.

Sie unterhielt sich prächtig mit Constantin. Alexandra merkte jedoch bald, dass sie hauptsächlich von sich selbst erzählte. Aus Constantin war nicht viel herauszubekommen. Alles, was sie bisher herausgefunden hatte, war, dass er BWL studiert hatte. Das schien jedoch bereits einige Jahre her zu sein. Was sein jetziges Leben anging, blieb sie im Ungewissen. Als sie schließlich bei dem Thema angelangten, lenkte Constantin das Gespräch geschickt von sich selbst weg auf seinen Bruder Paul. Alexandra fragte sich, warum, bohrte aber nicht nach. Hatte er was zu verbergen? Gab es da etwas, was er nicht erzählen wollte? Und warum? Er wirkte so nett und offen, und es machte ihr richtig Spaß, sich mit ihm zu unterhalten. Aber irgendetwas war da. Sie konnte es nur nicht festmachen. Hätte sie etwas mehr von Ellas direkter Art, würde sie es aus ihm herauskitzeln. Aber sie war nicht Ella.

Schließlich riss die Erinnerungsfunktion ihres Handys Alexandra aus der Gemütlichkeit. Sie musste los, da um 19 Uhr ihr Dienst im Krankenhaus begann, wo sie als Hebamme arbeitete. Nur ungern trennte sie sich heute. Der Nachmittag hatte einen so unerwartet erfreulichen Verlauf genommen, dass sie am liebsten noch länger mit den anderen zusammengeblieben wäre. Constantin hatte sie neugierig gemacht. Auch wenn sie nicht behaupten konnte, seinetwegen spontan Herzklopfen zu bekommen, hätte sie doch gern mehr über ihn erfahren. Als er sie zum Abschied um ihre Nummer bat, rückte sie die ohne Zögern heraus.

Paul, Constantin und Ella beschlossen unterdessen, noch gemeinsam zu Abend zu essen. Etwas wehmütig machte Alexandra sich auf den Weg, als auch schon ihr Telefon klingelte. Es war ihr Bruder Ben. Er war gemeinsam mit Lina auf dem Weg zum Ultraschall, und sie hatte versprochen, dabei zu sein. Das hatte sie total vergessen. Sie wollte es noch vor ihrer Schicht machen. Also beschleunigte sie ihren Gang und erwischte zum Glück gerade noch die Straßenbahn, die sie direkt vor dem Krankenhaus wieder ausspuckte. Sie musste dringend mit Ben sprechen. Die Sache mit Lina und dem Kind – das kam alles so überraschend. Alexandra wusste noch nicht so recht, wie sie es einordnen sollte. Schließlich war sie wochenlang Bens Seelenklo gewesen, als er sich von Lina getrennt hatte. Und war da nicht eine andere Frau gewesen, die er neulich mit leuchtenden Augen erwähnt hatte? Na ja, auf jeden Fall war Lina Bens Ex. Und obendrein war sie schwanger. Und Ben war der Vater. Vielleicht wird das ja auch wieder was zwischen den beiden, dachte sie und wusste nicht, ob sie den Gedanken gut finden sollte oder nicht. Und außerdem würde sie ihn einen Kopf kürzer machen wegen des »Blind Date«!

Alexandra betrachtete ihren Bruder, während sie aus dem Augenwinkel den Arzt beobachtete, der mit dem Ultraschall nach einem guten Blickwinkel auf das Baby in Linas Bauch suchte. Als sie sich in der Krankenhausempfangshalle getroffen hatten, wollte sie Ben eigentlich gleich mit der Sache mit Paul konfrontieren. Sie hatte es aber kaum angeschnitten, und schon hatte Ben sich entschuldigt. Kein Witz war über seine Lippen gekommen. Normalerweise hätte er gelacht und sie schließlich auch zum Lachen gebracht. Sein Scherz schien ihm jedoch aufrichtig leidzutun, und auf der anderen Seite war er mit seinen Gedanken offensichtlich ganz woanders. Was war nur los mit ihm? Das gefiel ihr gar nicht. Die Geschichte mit dem Kind schien ihn völlig aus dem Konzept zu bringen. Aber war das alles? Klar, er war völlig überraschend damit konfrontiert worden, dass er bald Vater wurde. Und das konnte einen schon umhauen. Auf der anderen Seite war das nun auch schon einige Wochen her und erklärte kaum, warum Ben wirkte, als befände er sich hinter einer Wattewolke. Er reagierte mechanisch auf alle ihre Fragen, und es kam ihr so vor, als bewege er sich wie ferngesteuert.

Jetzt stand Ben etwas verhalten in der Ecke des Untersuchungsraums, und Alexandra hatte das Gefühl, dass ihn die Situation überforderte. Er wirkte, als wisse er nicht, wo er hingehörte. Irgendwie verloren. Und der ernste Ausdruck, der sein Gesicht beherrschte, war ihr fremd. Dass er sonst viel lachte sah man schon an den Lachfältchen, die sich um seine Augen gebildet hatten. Seine Augen hatten eine eigenartige Farbe. Braun, fast Bernstein, aber irgendwie sehr hell und auch mit einem grünen Schimmer; je nachdem, wie das Licht einfiel. Jetzt wirkten sie sehr dunkel und leicht verhangen.

Ihr Bruder hatte ein Gesicht, bei dem man sofort auf

blaue Augen schließen würde. Das waren sie aber nicht. Ben war wie sie selbst nicht besonders groß, aber auch nicht klein, und man sah ihm an, dass er Sport trieb. Er hatte etwas Energiegeladenes an sich. Auch etwas leicht Hyperaktives. Ständig war er in Bewegung. Die blonden Haare ließen ihn wie einen kleinen Lausbub aussehen, und die Krawatte, die er heute trug, wirkte wie eine Verkleidung. Bens Hände waren klein und quadratisch und sahen kräftig aus. Er hatte etwas Freches an sich, aber gleichzeitig etwas rührend Ehrliches und Unverdorbenes. Das war schon immer so gewesen, seit Alexandra sich zurückerinnern konnte. Ben machte auch gerne Späße und witzelte, er war eigentlich immer vergnügt. Dadurch kam man an seine Tiefe nicht so leicht heran. Schnell wie ein Flitschestein auf dem Wasser, kam ein Scherz über seine Lippen und ließ die Oberfläche leicht gekräuselt zurück.

Alexandra war mit ihrem Bruder eigentlich sehr vertraut, aber gerade jetzt verschloss er sich vor ihr. Er spielte großer Bruder und Beschützer. Sie wusste, dass ihn etwas belastete, aber er würde es ihr erst erzählen, wenn sie lange genug gebohrt hätte.

Dann konnte er wieder so ganz anders sein. Ihr großer Bruder. Einer, der eigentlich Verantwortung übernehmen sollte, sich aber bisher nicht von seinem inneren kleinen Jungen zu trennen vermochte. Deswegen verstand er sich auch so prima mit den Kleinen. Den Frechen. Den Schlimmen. Weil er es nachvollziehen konnte. Weil er selber oft nur Schabernack im Sinn hatte. Das kam ihm in seinem Beruf als Grundschullehrer sehr zugute.

Aber Bens Blick verriet ihn. Alexandra sah, dass da nicht der ungezogene Lümmel vor ihr stand. Sondern der Mann, zu dem er in mehr als dreißig Jahren herangewachsen war. Ein Mann, der im Leben stand und auch Verantwortung und

Verbindlichkeit suchte. Dies aber noch nicht so recht gefunden zu haben schien. Vielleicht, weil sein inneres Kind noch zu frech, zu laut und zu präsent war. Aber das machte Ben ja auch so liebenswert. Jetzt zwang ihn das Leben, plötzlich mit einem Schlag erwachsen zu werden, weil er unvermittelt und offensichtlich unerwartet Vater wurde und echte Verantwortung auf ihn zukam.

»Da! Sehen Sie? Das ist das Herz, der Herzschlag. Und hier, man kann schon gut das Köpfchen und die Arme und Beine erkennen«, erklärte der Arzt in diesem Augenblick. Alexandra beobachtete, wie ihrem Bruder die Tränen in die Augen traten. In plötzlicher Rührung hob er die Distanz auf, die er zu Lina bewahrt hatte, und griff nach ihrer Hand. Alexandra erkannte, wie ihr Bruder das Pochen des kleinen Herzens erlebte. Das war sein Kind.

»Ist alles in Ordnung mit dem Kind?«, fragte Lina ängstlich und nervös. Ihre besitzergreifende Geste, mit der sie sich Bens Hand geschnappt hatte, sobald dieser näher herangetreten war, war Alexandra nicht entgangen. Unruhig blickte Lina auf den kleinen Bildschirm des Ultraschallgeräts. »Können Sie etwas erkennen? Ähhh … ist es gesund?«

Der Arzt beruhigte Lina. Es sei alles in Ordnung. Lina nickte, wirkte aber noch nicht beruhigt. Sie lachte nervös und zog Ben zu sich heran. Ihm schien das nicht zu behagen, aber er ließ es mit sich geschehen. Die Atmosphäre war angespannt. Aber dass Lina nicht sehr selbstsicher war und sie die Schwangerschaft zu überfordern schien, wunderte Alexandra wiederum nicht. Zu gerne hätte Alexandra jetzt ihren Bruder allein gesprochen. Über Lina und das Baby, aber auch über Constantin und Paul. Das musste wohl warten. Sie hatte jetzt keine Zeit, sich über das alles Gedanken zu machen. Sie musste zu ihrem Dienst.

Eine Woche später holte Alexandra Ben kurzerhand von der Schule ab und entführte ihn zu einem gemeinsamen Mittagessen. Sie gingen in eine Pizzeria um die Ecke von seiner Schule und plauderten dort über Paul und Ella, bei denen sich etwas anzubahnen schien. Ben war erstaunt, aber auch erfreut über diese Entwicklung. Er hatte Paul lange nicht mehr gesehen. Sie waren zwar im Studium befreundet gewesen, hatten aber erst wieder Kontakt aufgenommen, seit Paul vor kurzem in die Stadt gezogen war. Daher hatte er auch das Treffen vereinbart. Ben ließ sich amüsiert über die Verbindung der beiden aus und wich Alexandras bohrendem Blick gekonnt aus. Alexandra ließ ihn reden und bestellte erst einmal Pizza und Weißwein. Als das Essen kam, hob sie ihr Glas und sagte neckend: »Auf meinen Bruder Benjamin und alle seine Nachkommen – wo auch immer sie herkommen mögen!«

Es sollte witzig sein, aber Ben war plötzlich nicht mehr zu Späßen aufgelegt. Verlegen stieß er mit ihr an. Seine Geschichte war ihm im Hals steckengeblieben. Alexandra beugte sich vor und taxierte ihn. Auch sie war jetzt ganz ernst. »Was ist eigentlich los?«, fragte sie und ließ Ben nicht aus den Augen. »Es wird Zeit, dass wir mal Tacheles reden, Bruderherz!«

Ben wand sich sichtlich. Es war ihm klar, was sie hören wollte: nämlich möglichst alles! Und er wusste nicht, wo er anfangen sollte. Schließlich beugte er sich jedoch vor und begann zu erzählen. Erst sprach er von Hanna, dann von Lina. Alexandra hörte ihm mit wachsender Besorgnis zu. Er wirkte so unglücklich und verloren. Pragmatisch, wie sie war, versuchte sie seine Gedanken für ihn zu ordnen. »Wirst du sie heiraten? Lina, mein ich.«

»Nein«, kam seine Antwort wie ein Schuss aus einem Gewehr: »Das wäre fatal. Erinnerst du dich an Großmutter? Sie hat immer gesagt: Heirate nie nur wegen eines Babys. Ihre Worte gehen mir nicht aus dem Kopf. Lina und ich ... wir passen gar nicht zusammen. Wir würden dem Kind keinen Gefallen tun damit. Wir ... ach, ich weiß auch nicht.«

Ben fuhr sich durch die Haare und legte das Pizzastück, in das er gerade beißen wollte, wieder zurück auf seinen Teller. Er hatte bisher kaum etwas gegessen. Der Appetit schien ihm gründlich vergangen zu sein. »Das Schlimmste ist der Druck, den Lina mir macht. Immer wieder redet sie von Abtreibung. Und sie weiß, dass sie mich damit an der Angel hat. Sie wird es nicht tun. Da bin ich mir sicher. Ich bin ja schließlich auch noch da. Und ich bin bereit, mich um das Kind zu kümmern. Aber dennoch. Es macht mich völlig fertig. Sie ist wie eine Fremde für mich. Ich kann mich gar nicht mehr erinnern, warum ich mich einmal in sie verliebt habe. Und ich habe keine Ahnung, wie das alles weitergehen soll. Dass wir heiraten, ist ausgeschlossen.«

Er seufzte. Dann fuhr er fort: »Wir werden einen Weg finden müssen, unter dem zumindest das Kind nicht leidet. Geteiltes Sorgerecht vielleicht? Das ist alles so neu für mich, Alex.«

»Freust du dich denn auf das Kind?«

»Im ersten Moment war ich ehrlich gesagt so geschockt, dass ich gar nichts gefühlt habe. Aber jetzt ...« Ben lächelte. »Ja, ich freue mich. Darauf freue ich mich wirklich. Ich wollte ja schon immer Kinder. Weißt du ja. Nur hatte ich mir das etwas anders vorgestellt.«

Ben zuckte mit den Schultern. »Wenigstens an einer Front gibt es gute Neuigkeiten. Linas Vater trifft sich anscheinend gerade wieder mit einer Frau. Die scheint supernett zu sein, und Lina spricht viel mit ihr über die Schwangerschaft und so. Ich bin nur dankbar, dass sie so auch noch ein anderes Ventil hat als mich.«

Und mich, dachte Alexandra, die in den letzten Wochen so viel mit Lina telefoniert hatte wie noch nie.

»Und Hanna, was wird mit ihr?«, bohrte Alexandra weiter.

Bens Blick glich einem verletzten Tier. Mit einer resignierten Bewegung hob er die Schultern und seufzte. »Ich habe seit unserem letzten Treffen nicht mehr mit ihr gesprochen. Ich weiß einfach nicht, wie. Du solltest sie kennenlernen. Sie ist so … so wunderbar. Aber sie hat das nicht verdient. Und ich kann und will sie da nicht mit hineinziehen. Abgesehen davon, dass Lina ausrasten würde, wenn sie von ihr erführe. Ach Alex, wer hätte gedacht, dass ich mal in eine so verrückte Situation geraten würde? Es ist nicht auszuhalten. Ich fühle mich wie ein Hamster im Rad, der rennt und rennt und doch nirgendwo ankommt.«

»Und sie? Hat sie sich gemeldet? Irgendein Lebenszeichen?«

Ben schaute schuldbewusst auf. »Das ist das Schlimmste. Ich habe weder ihre Anrufe noch ihre lieben Mails beantwortet. Sie muss wahnsinnig verletzt und enttäuscht sein. Es ist total paradox. Ich liebe sie. Ja – ich glaube tatsächlich – ich liebe sie. Aber ich kann sie gleichzeitig momentan nicht in meinem Leben ertragen.«

Alexandra war erschüttert. Das war eine harte Aussage, die sie nicht so recht nachvollziehen konnte. Wenn man jemanden liebt, dann will man doch unter allen Umständen mit diesem Menschen zusammen sein, ihn sehen, mit ihm reden und ihn um sich haben? Als Ben weitersprach, klang er verzweifelt, aber auch sehr klar: »Weißt du Alex, Hanna ist zu allem bereit. Das hat sie sehr deutlich gemacht. Sie würde alles ertragen, auf sich nehmen und mit mir versuchen, einen Weg zu finden. Und sie ist eine Person, die das auch schaffen würde. Mein Kind in ihr Leben zu integrieren, ohne es abzulehnen. Ich glaube sogar, dass sie auf Dauer einen guten Umgang mit Lina finden könnte. Und auf der einen Seite ist das ja alles, was ich mir wünschen könnte. Auf der anderen Seite lähmt es mich. Ich komme mit dieser Großmut und dieser Stärke nicht klar. Es ist, als würde ich selbst daneben verschwinden. Vor allem, wenn ich sie zu früh in die Situation lasse. Sie würde eine Lösung finden, keine Frage. Aber tatsächlich muss ich wohl erst mal selber eine Lösung finden. Allein. Ich will, nein ... ich werde sie wiedersehen. Aber im Moment geht es nicht. Ich hoffe nur, dass sie mir dann noch einmal eine Chance geben wird. Nach allem, was ich ihr angetan habe. Aber ich bin noch nicht bereit. Es stimmt irgendwie alles nicht. Klingt das nicht alles total bescheuert?«

»Na ja – ehrlich gesagt klingt es hauptsächlich verwirrt und zerrissen. Ich verstehe dich ja, aber noch einmal zurück. Rein theoretisch. Hättest du dich auch so rigoros gegen die Heirat mit Lina entschieden, wenn es Hanna nicht gegeben hätte?«

»Das weiß ich nicht, Alex. Fakt ist: Es gibt sie. Das ist nicht theoretisch zu beantworten. Bei Hanna habe ich gespürt, wie sich echte Liebe anfühlt. Wie kann ich da zurück zu Lina gehen?«

Alexandra wusste nicht, was sie sagen sollte. Die Gedanken ihres Bruders klangen im ersten Augenblick sehr verständlich. Aber wenn sie länger über sie nachdachte, hinterließen sie nur Verwirrung in ihrem Kopf. Liebe, erzwungene Trennung, Selbstsuche, Lähmung. Konnte zu viel Stärke bei einem die Beziehung von zweien zerstören? Oder lief Ben einfach nur vor seinen Problemen davon? Konnte es wirklich Liebe sein, was er empfand, wenn er so mit seinen Gefühlen umging? Allerdings war Alexandra auch klar, dass

Männer einfach anders ticken als Frauen. Irgendwie können sie das: ein Thema in einer Schublade ablegen und erst zu einem ganz bestimmten Zeitpunkt wieder hervorholen. Und sich in der Zwischenzeit von dieser Schublade nicht beeinflussen lassen.

Alexandra lehnte sich zurück und leerte ihr Glas Wein in einem Zug. Das war alles ganz schön schwierig. Sie wusste nicht, was sie von dem Gespräch mit ihrem Bruder erwartet hatte, aber sicher nicht das. So richtig weiterhelfen konnte sie Ben nicht, aber sie hatte das Gefühl, dass es ihm schon gutgetan hatte, sich einmal richtig auszusprechen. Er nahm ihr das Versprechen ab, Lina in der Schwangerschaft weiter beizustehen. Und bei der Geburt dabei zu sein. Alexandra nickte nur. Klar. Das wollte sie machen. Immerhin war es auch ihr Neffe oder ihre Nichte, der oder die da heranwuchs. Schließlich klingelte ihr Handy, was ihr signalisierte, dass sie wieder ins Krankenhaus musste. Ben schloss sie zum Abschied fest in die Arme. »Danke, Schwesterchen. Auf dich ist einfach immer Verlass!«

Gedankenversunken wanderte Alexandra zur Straßenbahn.

MAI

ODER

»ENTSCHEIDEND IST DOCH,
SICH ENTSCHIEDEN
ZU HABEN.«

Unruhig tigerte Constantin vor dem Beichtstuhl auf und ab. Wie jeden ersten Montag im Monat, seit Beginn seiner Priesterausbildung vor fast sieben Jahren, war er hier, um zu beichten und mit seinem Beichtvater zu sprechen. Selten war er so beunruhigt gewesen wie heute. Er wusste selbst nicht genau, warum; eigentlich hatte er nichts falsch gemacht. Im Gegenteil. Er war dem Rat seines Beichtvaters gefolgt. Er hatte sich geprüft, war in sich gegangen, und ja – er war aus sich herausgegangen. Und jetzt war sein Innerstes völlig in Aufruhr. Es waren noch sieben Wochen bis zu seiner Priesterweihe. Und jetzt hatte Alexandra alles aus dem Konzept gebracht.

Als das grüne Lämpchen aufleuchtete und ihm signalisierte, dass der Beichtstuhl jetzt frei war, wischte sich Constantin seine vor Nervosität feuchten Hände an der Hose ab und öffnete die Tür. Eigentlich ging Constantin gern beichten. Er hatte sich daran gewöhnt und empfand es tatsächlich als Herausforderung, weil er sich so regelmäßig mit sich selbst konfrontieren musste. Heute jedoch wäre er lieber woanders gewesen. Mit einem leisen Klicken fiel die leichte Holztür hinter ihm zu. Er kniete sich auf das hölzerne Kniebänkchen und wartete. Pater Kilian, sein Beichtvater, brauchte immer etwas Zeit, bevor er sich seinem Gegenüber zuwandte. Constantin konnte den alten Pater durch das Holzgitterchen gut erkennen. Die weiße Haarpracht des Benediktiners hob sich scharf von dessen schwarzer Kleidung ab. Wie immer standen seine weißen Haare etwas wirr ab, da der Pater dazu tendierte, mit beiden Händen in seinen Haaren zu wühlen, während er die Beichte hörte. Schließlich blickte er auf und räusperte sich.

»Constantin? Wie schön, dich wieder hierzuhaben. Wie geht es dir, mein Sohn? Ist alles in Ordnung?«

Constantin musste lächeln. Pater Kilian war nicht die Sorte Priester, bei der man mal schnell beichten ging und alles nach dem Regelwerk ablief, so nach dem Motto: Rein – beichten – lossprechen – segnen – raus. Nein. Pater Kilian wandte sich jedem immer ganz persönlich zu, und er schien instinktiv wahrgenommen zu haben, dass Constantin heute gekommen war, weil ihm etwas auf der Seele brannte. Das war auch der Grund, warum Constantin sich Pater Kilian zum Beichtvater gewählt hatte. Weil der alte Pater nicht nur weise und vom Gebet getragen war, sondern sich den Menschen immer mit ganzer Liebe zuwandte. In seiner praktischen, lebensnahen Art hatte er Constantin schon häufig geholfen, die Dinge klarer zu sehen.

Geduldig wartete der Pater darauf, dass Constantin von sich aus zu sprechen begann. Er drängte ihn nicht, wandte den Blick aus seinen warmen braunen Augen aber auch nicht von ihm ab.

Schließlich begann der junge Mann zu erzählen. Als er die ersten Worte über die Lippen gebracht hatte, sprudelte es nur so aus ihm heraus. Er berichtete von seiner Begegnung mit Alexandra, vom »Blind Date« seines Bruders und der unerwarteten Entwicklung, die das Ganze genommen hatte. Er versuchte seine Gefühle in Worte zu fassen. Und plötzlich war es, als bräche ein Damm in seinem Inneren, und alles, was sich an Ängsten und Gedanken angesammelt hatte, wurde nach draußen geschwemmt. Da waren erst mal Schuldgefühle, weil Alexandra nicht wusste, dass er vorhatte, Priester zu werden. Er hatte nicht direkt etwas anderes behauptet, aber er hatte es auch nicht erwähnt. Da war Verwirrung, weil er sich seiner Entscheidung plötzlich nicht mehr so sicher war. Und es verwirrte ihn am meisten, weil er sich doch schon länger seines Entschlusses so sicher gefühlt hatte. Er hatte den Weg zum Priestertum nicht leichtfertig eingeschlagen. Er war gerufen worden. Wenn auch nicht so früh wie seine jungen Kollegen im Priesterseminar. Er hatte vorher Betriebswirtschaft studiert und auch bereits gearbeitet. Erst dann hatte er sich für diesen Weg entschieden. Aus ganz freien Stücken. Jetzt hatte er Angst, dass es vielleicht doch nicht der richtige Weg für ihn sein könnte. Plötzlich überschwemmten ihn seine Befürchtungen: Ob er tatsächlich ein guter Seelsorger sein werde? Ob er den Menschen tatsächlich ein Stück weit auf ihrem Weg zu Gott helfen könnte? Was wäre, wenn er mit der Einsamkeit nicht zurechtkäme, die der Zölibat doch zwangsweise mit sich bringen musste? Vielleicht war Priester ja der richtige Weg, aber eher in einer Ordensgemeinschaft? Und was war jetzt mit den Gefühlen für dieses Mädchen? Wie sollte er damit umgehen? Würde ihn das immer verfolgen, wenn er sich für die Weihe entschied? All diese Fragen quollen aus ihm heraus. Er redete und redete – bis ihm die Worte ausgingen.

Pater Kilian unterbrach ihn kein einziges Mal. Aufmerksam lauschte er dem Redeschwall, während ein kleiner Holzrosenkranz durch seine Finger glitt. Als Constantin endete, schoss er noch eine Frage hinterher. So, als wäre in diesem Moment Angriff die beste Verteidigung: »Pater – waren – waren Sie auch schon mal verliebt?«

Der alte Pater lachte. Das Lachen klang rauh und großväterlich. Constantin konnte sehen, wie der Pater in sich hineinschmunzelte, bevor er zu sprechen begann: »Was willst du jetzt hören, Constantin? Dass jegliche Möglichkeit, sich zu verlieben, mit der Priesterweihe verschwindet? Dass sich eine Mauer um dein Herz bildet, die diese Gefühle nicht mehr zulässt? Ich bin sehr jung in den Orden eingetreten, aber ja, auch ich war verliebt. Und das nicht nur einmal.

Und ich bin auch froh darum, da es mir immer wieder gezeigt hat, dass ich den richtigen Weg gehe und dass mein Herz dabei nicht verlorengegangen ist. Aber lass mich dir erst mal eine Geschichte erzählen.«

Er schwieg kurz und fuhr sich durch die Haare. Dann blickte er nicht mehr Constantin an, sondern die Wand seines Beichtstuhls. Durch seine Hände glitt immer noch der Rosenkranz. Dann setzte er an:

»Da war einmal ein Mann. Der war seit zwanzig Jahren mit seiner Frau verheiratet. Sie führten eine gute Ehe, wenn auch nicht immer eine leichte. Dieser Mann arbeitete in der Stadt, und er musste jeden Morgen mit seinem Auto dorthin fahren. Und jeden Morgen nahm er dazu denselben Weg. Auf seinem Weg musste er immer vor einer roten Ampel halten. Eines Morgens entdeckte der Mann im Auto neben sich eine Frau. Die blickte zu ihm herüber und lächelte. Am nächsten Morgen kam sein Auto wieder neben dieser Frau zu stehen, und sie nickten sich zu. So ging das viele Tage lang. Der Mann merkte, dass er sich auf diesen Moment freute und manchmal sogar absichtlich etwas langsamer fuhr, um mit der Frau an der Ampel zum Stehen zu kommen. Eines Morgens kurbelte sie ihr Fenster runter und winkte ihm, dasselbe zu tun. Er tat es, und sie stellten sich einander vor. Sie sprachen kurz, es war nett und herzlich. Am nächsten Morgen stand der Mann auf, küsste seine Frau zum Abschied und fuhr einen anderen Weg zur Arbeit.«

Pater Kilian schwieg. Die Geschichte war zu Ende. Constantin runzelte die Stirn. Er wusste, dass in dieser Geschichte eine Antwort für ihn steckte, aber er konnte sie noch nicht recht greifen. Die Gedanken waren ihm nicht neu. Schließlich hatte er bereits Jahre der Entscheidung und Prüfung hinter sich. Er wusste eigentlich selbst nicht, was mit ihm los war. Der Weg schien ihm klar, und doch kämpfte da etwas in ihm. Fast flehentlich kam ein »Und was soll ich jetzt machen?« aus seinem Mund.

»Mein Sohn, ich kann dir deine Entscheidung nicht abnehmen. Nur du allein kannst dich für einen Weg entscheiden. Geh ins Gebet und frag den Herrn, welches der richtige für dich ist. Es geht nicht so sehr darum, welchen Weg du einschlagen wirst. Es geht darum, ob du bereit bist, dich für den Rest deines Lebens, jeden Tag aufs Neue, wieder für deine erste Entscheidung zu entscheiden. Das ist in der Ehe nicht anders als im Priestertum.«

»Aber Vater, wie geht man damit um, wenn man sich verliebt? Wie kann man ausschließen, dass es wieder passiert? Ich hatte immer die Vorstellung, dass man mit dieser Frage nicht mehr konfrontiert wird, wenn man Priester wird oder heiratet. Dass es dann nur mehr das eine Gegenüber gibt. Ohne Wenn und Aber!«

Wieder lachte der alte Pater leise. »Nein, Constantin. Und das wäre auch weder gut noch gesund, wenn dein Gefühlsleben erkalten würde, sobald du Priester bist. Ein Priester bleibt ein Mensch und sollte auch in der Lage sein, wie einer zu fühlen. Wie sonst könnte er anderen Menschen ein guter Seelsorger und Begleiter sein, wenn er nichts von dem wüsste und erfahren hätte, was einen Menschen bewegt? Denk mal über den Mann im Auto nach. Es geht darum, sich im rechten Augenblick für das Richtige zu entscheiden.«

Ein paar Tage später saßen sich Constantin und Alexandra wieder im Café gegenüber. Es war dasselbe Café, in dem sie sich zum ersten Mal getroffen hatten. Die Unruhe, die er mit in sein Beichtgespräch genommen hatte, hatte ihn auch weiter begleitet. Wie gerne hätte er sie dort gelassen. Wie gerne wäre er mit einer klareren Antwort beschenkt worden. Am liebsten hätte er die Entscheidung und alles, was daran hing, abgegeben. Hätte jemand anderen entscheiden lassen. Er wusste aber, dass das weder ging, noch dass das der bessere Weg gewesen wäre.

Nun war er hier.

Eines war ihm ziemlich schnell klargeworden. Ganz abgesehen von seiner eigenen Entscheidung, musste er erst mal Alexandra reinen Wein einschenken. Er hatte lange mit sich gerungen, ob er sie treffen sollte oder ob es nicht besser wäre, ihr einen Brief zu schreiben. Er war sich klar, dass es darum ging, »einen anderen Weg zur Arbeit« zu nehmen. Aber er hatte sich dagegen entschieden. Er hatte gebetet und um Weisung und Rat gefragt. Er wusste, dass man Gott nicht herausfordern sollte. Aber aus einem inneren Drang heraus, den er sich selbst nicht erklären konnte, hatte er sich dazu entschieden, Alexandra zu treffen. Und aus einem zweiten Grund: Nachdem sein Bruder Paul mittlerweile mit Alexandras bester Freundin Ella liiert war, würden sie sich in Zukunft wohl oder übel des Öfteren über den Weg laufen. Da konnte und musste er sich mit ihr auseinandersetzen. Ein Brief wäre in diesem Fall nur ein Aufschub gewesen. Constantin hoffte, die richtige Entscheidung getroffen zu haben.

Darum saß er jetzt hier und beobachtete, wie Alexandra in ihrem Caffè Latte rührte. Draußen war es frühlingshaft warm, so dass sie einen Tisch im Freien genommen hatten. Voll Freude hatte sie zugesagt, als er sie anrief, um sich mit ihr zu verabreden. Sie hatten sich in den letzten Wochen schon mehrmals getroffen. Ob sie auch empfand, was er fühlte, wusste er nicht. Er war sich nicht einmal sicher, ob er es hoffen sollte oder ob er sich eher das Gegenteil wünschte. Und er war sich über das, was er empfand, schließlich selbst nicht ganz im Klaren.

Alexandra erzählte gerade von ihrem Bruder Ben, von dessen Freundin und dem ungeplanten Kind. Da sie Hebamme war, bezog ihr Bruder sie sehr stark in alle Entscheidungen mit ein. Sie erzählte, wie sehr sie ihr Beruf gerade beanspruchte. Zum Beispiel durch die Mutter der Zwillinge, die sie gerade begleitete. Es war ihre erste vollständig selbständige Begleitung einer Schwangeren. Und dann gleich Zwillinge.

Constantin war froh, ihr erst mal zuhören zu können, und konzentrierte sich ganz auf sie. Er wusste, dass Alexandra normalerweise die Zuhörende war. Und er spürte, dass sie jemanden brauchte, der endlich einmal ihr zuhörte. Einfach nur zuhörte.

Schließlich sah sie ihn an. »Und? Wie geht es dir? Du bist so schweigsam. Beschäftigt dich irgendetwas?«

Constantin atmete tief ein. Du beschäftigst mich, schoss es ihm durch den Kopf. Du und ich und mein Weg und meine Berufung. Ich will Priester werden. Ich glaube, dass das mein Weg ist. Halte mich ab oder geh weg! Sag mir, was ich tun soll!

Bevor er es verhindern konnte, öffnete sich sein Mund und er hörte, wie ein »Alexandra, ich werde Priester« daraus hervorkam.

Hatte er das jetzt wirklich gerade gesagt? Ohne Vorwarnung? Ohne einleitende Worte? Besorgt warf er ihr einen Blick zu. Wie würde sie es aufnehmen?

Ihr Mund formte ein lautloses »Oh«. Aber dann lächelte sie, und echtes Interesse blitzte in ihren Augen auf. »Wirklich? Das ist ja ...«, sie suchte nach dem richtigen Wort, »... cool! Warum hast du das noch nie erwähnt?«

Ehrlich verblüfft, schaute sie ihn an. Er konnte kein Bedauern in ihrem Blick erkennen. Kein Zurückzucken. Keinen Vorwurf, weil er so lange damit hinterm Berg gehalten hatte. Was ihm entgegenschlug, war echtes, waches Interesse. Das war das Letzte, womit er gerechnet hatte. Er schwankte zwischen einem Gefühl der Erleichterung und einem Anflug von verletztem Stolz.

»Irgendwie finde ich, das passt zu dir!« Sie lachte. »Ich hatte von Anfang an das Gefühl, dass ich bei dir nicht alle Puzzleteile gefunden habe. Das passt perfekt. Erzähl mir davon. Wie hast du herausgefunden, dass du berufen bist? Gibt es sie – die Stimme von oben?«

Constantin musste plötzlich lachen. Es war, als löse sich eine innere Fessel. Danke, dachte er nur. Danke.

Das alte Klischee. Der uralte Wunsch des Menschen, Gott möge direkt zu ihm sprechen und damit eine Situation entscheiden, die der Mensch nicht selbst entscheiden zu können glaubt. Der Ruf vom Himmel, das deutliche Zeichen. Constantin überlegte. Dann begann er, Alexandra seine Geschichte zu erzählen.

Als Kind hatte es für ihn zwei Berufswünsche gegeben. Entweder Priester oder Feuerwehrmann. Für kleine Buben wahrscheinlich eine normale Vorstellung. Constantin war in einer katholischen Familie aufgewachsen, lange Messdiener gewesen, und er fühlte sich in der Kirche zu Hause. Später war er davon etwas abgekommen, auch wenn er es nie ganz hinter sich gelassen hatte. Nach der Schule hatte er sich für das BWL-Studium entschlossen. Seinem Vater zuliebe. Während des Studiums hatte er gemeinsam mit einer Freundin einen Gebetskreis gegründet, um den Glauben wieder etwas mehr in sein Leben zu integrieren. Den Gedanken, Priester zu werden, hatte er gemeinsam mit dem Feuerwehrmann als Kindertraum beiseitegelegt. Nachdem er sein Studium beendet hatte, war er auf Arbeitssuche gegangen. Nicht sehr enthusiastisch, aber es war eben dran. Er hatte keine rechte Vorstellung davon gehabt, was er mit seinem Leben anfangen wollte, wo er beruflich hinstreben sollte oder wo er sich zehn Jahre später sah. Dann hatte ihn ein erschütterndes Erlebnis aufgerüttelt.

An einem Wochenende, das er mit einem Freund in den Bergen beim Wandern verbracht hatte, waren sie auf dem Rückweg mit dem Auto ins Schleudern geraten. Es hatte den ganzen Tag geregnet, und Constantin verlor die Kontrolle über den Wagen. Mit ziemlich hoher Geschwindigkeit war der Wagen über die Böschung gesaust, hatte sich mehrmals überschlagen und war schließlich zum Stillstand gekommen. Und das aus heiterem Himmel nur ein paar Meter von einem tiefen Abhang entfernt, der sie sicher ihr Leben gekostet hätte. Die beiden Freunde standen unter Schock. Ihr Auto hatte einen Totalschaden erlitten, aber wie durch ein Wunder war weder Constantin noch seinem Freund etwas passiert.

Dieser Unfall hatte dazu geführt, dass Constantin sich gefragt hatte, welchen Sinn sein Leben hatte. Warum gerade er diese Situation überlebt hatte. Ja mehr noch: Warum er nicht mal einen Kratzer abbekommen hatte. Es war ihm bewusst geworden, dass Gott seine schützende Hand über ihn gehalten hatte. Warum? Nach dem Unfall hatte er begonnen, nach einer Antwort zu suchen. Er hatte das Gefühl, dass er noch einmal eine neue Chance bekommen sollte. Eine Chance, sein Leben nicht einfach an sich vorbeilaufen zu lassen. Sondern es zu nutzen. Jeden Tag als den ersten vom Rest seines Lebens anzusehen.

In dieser Zeit hatte er Pater Kilian zum ersten Mal getroffen. Viele Stunden hatte er mit dem alten Pater gesprochen. Immer wieder. Und langsam, aber sicher war der Wunsch aus seiner Kindheit wieder in ihm wach geworden. Auch die tiefe innere, ja kindliche Freude am Beten und an der Messe war wiedergekehrt. Pater Kilian hatte ihn nie gedrängt oder in diese Richtung beraten. Aber die Gespräche mit ihm sowie der neue Blick auf sein Leben hatten in Constantin eine tiefe Sehnsucht geweckt. Eine Sehnsucht nach mehr. Eine Sehnsucht danach, wirklich seinen Weg zu finden und nicht irgendein Leben zu leben. Schließlich hatte der Gedanke, Priester zu werden, immer mehr Gestalt in ihm angenommen. Und an dem Tag, als er sich für das Theologiestudium und Priesterseminar eingetragen hatte, wusste er, dass das die Antwort auf seine innere Sehnsucht war. Er wollte Gott dienen.

»Plötzlich war da eine ganz große Klarheit in mir. Keine Stimme von oben ... eher ... von innen her.« Er schmunzelte bei dem Gedanken. »Aber vielleicht war der Autounfall ja doch so etwas wie eine Stimme. Wenn man es genau nimmt, sogar eine ziemlich laute!«

»Wow!« Alexandra saß da und schaute ihn unentwegt an. Ihre Augen schimmerten feucht, so sehr bewegte sie das Gehörte. »Es muss wundervoll sein zu wissen, was der eigene Weg ist. Und ich finde es mutig, auch tatsächlich ja zu ihm zu sagen.«

Constantin nickte. Mit einem Mal war ihm bewusst, dass sich seine innere Unruhe gelegt hatte. Noch während er seine eigene Geschichte erzählte, war er ganz ruhig geworden. Ja, es war eine Gnade zu wissen, was man tun sollte. Er schaute Alexandra dankbar an. Sie wusste nicht, welch großen Dienst sie ihm gerade erwiesen hatte. Er wusste jetzt wieder, wohin ihn sein Weg führen sollte. Er hörte noch die Worte des Priesters: »Es geht darum, ob du bereit bist, dich für den Rest deines Lebens, jeden Tag aufs Neue, wieder für deine erste Entscheidung zu entscheiden.« Ja. Ich bin bereit, dachte Constantin.

JUNI

ODER

»DIE SCHMETTERLINGE FEIERN KARNEVAL.«

Karl zog an seiner Krawatte, die ihm die Luft abschnürte, und durchquerte sein Büro zum hundertsten Mal. Ihm war zu warm. Und die blöde Klimaanlage funktionierte mal wieder nicht richtig. Wie ein Tiger im Käfig lief er ständig auf und ab, auf und ab. Sein Blick blieb immer wieder am Telefon hängen. Es war ein altmodisches Modell in einem scheußlichen Beige. Warum klingelte es nicht endlich und erlöste ihn von seiner Qual? Nervös fuhr er sich durch das Haar. Es war bereits weitgehend grau, aber man konnte das Rot seiner ursprünglichen Haarfarbe noch durchblitzen sehen. Sein früher etwas wirrer Haarschopf war gebändigt und eingefangen, einzelne Haare standen jetzt aber etwas ab, als würden sie seine innere Unruhe widerspiegeln. Wie immer im Büro trug Karl einen grauen Anzug und blank polierte Schuhe. Seine Erscheinung war ganz geschäftsmäßig. Aber seine Gedanken konnte er heute nicht auf seine Immobiliengeschäfte konzentrieren. Sein Herz schlug nervös, er hatte schwitzige Hände, und auch sein Magen rebellierte. Wer auch immer den dämlichen Ausspruch von »Schmetterlingen im Bauch« geprägt hatte, hatte damit den Nagel überraschend genau auf den Kopf getroffen. Exakt so fühlte es sich an. Wie tausend kleine Flatterviecher, die in seinem Magen gefangen waren und verzweifelt durch die Bauchdecke zu entkommen versuchten. Karl konnte sich lebhaft vorstellen, wie sie erfolglos immer wieder gegen die Wand flogen und nicht kapierten, dass sie gefangen waren.

Energisch verjagte Karl jeden Gedanken an Schmetterlinge und setzte sich an den Schreibtisch. Er atmete tief durch und nahm die oberste Akte von dem Stapel, der da lag und darauf wartete, abgearbeitet zu werden. Karl versuchte krampfhaft, sich zu konzentrieren. Es war schließlich auch völlig lächerlich. Er benahm sich ja wie ein Teenager. Da klingelte das Telefon.

Sein Herz machte einen Satz, die Schmetterlinge begannen einen wilden Tanz, und er warf seine Hand auf den Telefonhörer, um den Anruf noch schnell vor seiner Assistentin entgegennehmen zu können. Doch vergeblich, sie war einfach zu schnell. Karl hatte den Hörer noch nicht in der Hand, da leuchtete schon das orange Lämpchen, das ihm anzeigte, dass sie den Anruf entgegengenommen hatte.

Ach, wie ärgerlich! Sosehr Karl seine Assistentin auch schätzte, in diesem Moment wünschte er sie auf den Mond. Schon läutete das Telefon ein zweites Mal, und als er, nun ganz beherrscht, abhob, meldete ihm seine Assistentin: »Ihre Tochter wünscht Sie zu sprechen. Darf ich durchstellen?«

Karls Aufregung war mit einem Schlag verflogen. Das war nicht der ersehnte Anruf. Aber er freute sich natürlich. Es war Celina. Wie könnte es anders sein. Kein Grund zur Aufregung. Er hätte es ahnen können. In letzter Zeit hatte sie häufig den Wunsch, mit ihm zu sprechen. Das war verständlich in ihrem Zustand. Aber Karl fühlte sich trotzdem immer etwas hilflos seiner Tochter gegenüber, und er war unsicher, wie er mit ihr umgehen sollte.

Seit dem Tod seiner Frau vor neun Jahren hatte er sich ganz allein um Celina gekümmert. Seine Tochter hasste es, wenn er sie so nannte. Lieber war ihr die Abkürzung Lina. Sie war fünfzehn, als ihre Mutter starb. Karl war ein Vater, der die meiste Zeit seines Lebens am Schreibtisch verbracht hatte. Um den plötzlichen Tod seiner Frau zu verkraften, hatte er sich nicht anders zu helfen gewusst, als sich noch mehr Arbeit aufzuladen. Ein trauernder, wütender Teenager hatte ihn schlichtweg überfordert. Deutlich und schmerzhaft fehlte damals das mütterliche, zuhörende und verstehende Element. Ihm war dagegen der Schreibtisch eine willkommene Abwechslung und ein Fluchtort geworden. Karl versuchte sich einzureden, dass er sein Bestes gegeben hatte, aber in nachdenklichen Momenten gestand er sich ein, dass er bei Lina versagt hatte. Der frühe Tod ihrer Mutter hatte sie völlig aus der Bahn geworfen, und sosehr sich Karl auch bemühte, er wusste nicht, wie er sie wieder auf die richtige Spur setzen sollte. Auf einen Schlag hatte er Lina Vater und Mutter sein müssen. Gleichzeitig musste er mit seiner eigenen Trauer fertig werden. Es war eine Situation, an der er gescheitert war. Seine Tochter war keine Unternehmensanalyse, die er abarbeiten konnte. Und im Umgang mit ihrer unberechenbaren, impulsiven und emotionalen Art war er schon zu Lebzeiten seiner Frau nicht besonders gut gewesen. Das war immer ihr Terrain gewesen. Nach ihrem Tod war es zwangsweise zu seinem geworden. Wie sehr hatte er seine Frau vermisst, wenn seine Tochter nach einem Streit mal wieder frustriert die Tür laut hinter sich zugeknallt hatte und dann tagelang nicht bereit war, mit ihm zu reden. Immer wieder hatte er es versucht. Aber einen richtigen Zugang zu seiner Tochter hatte er nicht finden können. Er wusste nicht, wie er ihr zuhören sollte. Vor allem hatte er wohl verpasst, streng zu sein. Er hatte es einfach nicht übers Herz gebracht. Und dabei war sie ihm entglitten. Wo sie Grenzen gebraucht hätte, hatte er keine gezogen. Wo sie Raum gebraucht hätte, hatte er sie eingeengt. Wo sie seine Nähe gebraucht hätte, war er auf Distanz gegangen und hatte sie alleingelassen.

Nach dem Realschulabschluss hatte Lina entgegen seinem Willen die Schule geschmissen und eine Lehre als Schneiderin begonnen. Mehr schlecht als recht hatte sie diese auch beendet. An die verschiedenen männlichen Begleiter in diesen Jahren wollte er gar nicht erst denken. Die, die er zu Gesicht bekommen hatte, waren nicht gerade das gewesen, was ein Vater sich für seine Tochter wünscht. Aber in dieser Phase ihres Lebens war er bereits nicht mehr in der Lage gewesen, Celina zu erreichen. Sie hatte sich mehr und mehr von ihm entfernt. Ihr Leben, ihr Denken, ihre ganze Art waren ihm fremd geworden. Ihr Kontakt war nie ganz abgebrochen, das war es nicht. Aber wenn sie sich trafen, dann waren sie wie Fremde. Die Treffen waren mehr aus Pflicht, denn aus Freude entstanden. Die letzten Jahre hatte sie wohl einen beständigen Freund gehabt. Karl hatte den jungen Mann nur ein paarmal kurz getroffen. Er machte einen ganz anständigen Eindruck.

Und jetzt würde er bald Großvater sein. Lina war schwanger. Und auch wenn der Freund, der sie geschwängert hatte, bereit war, für das Kind zu sorgen, so war sie doch mit ihm in keiner festen Bindung mehr. Das Spiel schien sich zu wiederholen. Er sollte dem Kind zugleich Großvater und Großmutter sein. Und plötzlich wollte ihn Lina wieder mehr und mehr in ihrem Leben haben. Sie brauchte seine Hilfe, sie forderte seine Unterstützung ein. Sie bat um einen Vater, der für sie da sein sollte. Und Karl wollte für sie da sein. Er wollte nicht ein zweites Mal versagen. Um des Kindes willen. Um seines Enkelkindes willen. Karl hatte seiner Tochter immer wieder zu verstehen gegeben, dass er für sie da sein wollte. Jetzt erlaubte sie ihm das auch. Aber er war mal wieder vollkommen überfordert von dieser Aufgabe.

Karl atmete tief durch, dann nahm er den Anruf seiner Tochter entgegen. Als er den Hörer wieder in die Gabel hängte, fühlte er sich ausgelaugt und müde. Auf der einen Seite erfüllte es ihn mit Freude, dass Lina wieder ein Teil seines Lebens geworden war. Andererseits wünschte er sich ein wenig die ruhigen, unaufgeregten Zeiten zurück, in denen er und seine Tochter auf Distanz zueinander gegangen waren. Natürlich nicht wirklich. Nur manchmal. Zum Beispiel jetzt.

Karl fuhr sich mit der Hand über die Stirn, als wolle er alle schlechten Gedanken wegwischen. Dann stürzte er sich in seine Arbeit. Das war schon immer das beste Rezept für seine seelische Ausgeglichenheit. Je mehr Arbeit er hatte, desto weniger Zeit blieb ihm für die innere Auseinandersetzung mit den Dingen, von denen er wusste, dass sie unumgänglich waren. Eine willkommene Ausrede. Und er hatte sich wahrlich in seinem Beruf um genügend Dinge zu kümmern. Gerade jetzt stand er vor einigen wichtigen Entscheidungen. Entschlossen wandte er sich seinen Unterlagen zu. Da klingelte das Telefon erneut.

»Sie haben Besuch«, erklang die Stimme seiner Assistentin in der Leitung. Irrte er sich, oder konnte er da ein leichtes Amüsement in ihrer Stimme erkennen? Eine Abweichung von ihrer sonst so neutralen Professionalität? Sein Herz begann aufgeregt zu schlagen. In Gedanken noch bei Lina und seinen Unterlagen, ging er zur Tür und öffnete sie. Wumms! Die Schmetterlinge feierten Karneval!

Da stand sie.

Kein Anruf.

Sie war direkt in sein Büro gekommen. Sein Herz schien einen Moment auszusetzen, und dann schoss ihm die Röte ins Gesicht. Sein Gehirn schien sich in Luft aufzulösen, und er konnte nicht anders, als bei ihrem Anblick verlegen zu grinsen: »Annemarie!«

Zwanzig Minuten später saß er mit der Frau, die wohl heimlich eine Schmetterlingszucht betreiben musste, im Bistro gegenüber seinem Büro. Ursprünglich hatte er sie am Abend zum Essen ausführen wollen. Darum hatte er so nervös auf ihren Anruf gewartet. Jetzt war sie von sich aus zu ihm gekommen. Das brachte ihn aus dem Konzept. Aber auf eine angenehme Art.

Als er im Januar die Todesanzeige in der Zeitung gelesen hatte, war er, ohne groß zu überlegen, zur Trauerfeier gefahren. Um der alten Zeiten willen. Aus Anteilnahme. Und ja, auch aus Neugier. Er war nicht darauf vorbereitet gewesen, dass die Begegnung nach all den Jahren so starke Gefühle in ihm auslösen könnte.

Der Augenblick ihrer ersten Begegnung nach so vielen Jahren war denkbar ungünstig gewesen. Als er bei Annemaries Haus angekommen war, hatte kurz vor ihm Annemaries Vater an der Tür geklingelt. Karl konnte nicht wissen, dass Annemarie von der Begegnung mit ihrem Vater so völlig überfordert sein würde. Er hatte ja nichts davon gewusst, dass Josef weg gewesen war und dass sie auch ihn seit Jahren nicht gesehen hatte.

Als dann auch er noch auftauchte, war das wohl einfach zu viel gewesen für die Frau, die gerade erst ihre Mutter beerdigt hatte und der nun ihr seit langem verschollener Vater gegenüberstand. Karl war der Tropfen, der das Fass zum Überlaufen gebracht hatte. Annemarie hatte ihn angesehen, dann ihren Vater, dann wieder ihn. Und dann war sie schlicht und einfach in Ohnmacht gefallen. Ihre Augen hatten sich in einer dramatischen Bewegung nach oben gedreht, so dass nur mehr das Weiße zu sehen gewesen war. Dann war sie umgefallen. In einer fließenden Bewegung, fast wie in Zeitlupe war sie zu Boden gesunken. Hollywoodreif.

In heller Aufregung und großem Durcheinander war sie schließlich ins Krankenhaus gebracht worden. Annemaries Freundin Sarah, Karl und ihr Vater Josef an ihrer Seite. Es hatte eine Weile gedauert, bis sie das Bewusstsein wiedererlangt hatte. Die Diagnose war eine Art Burnout. Seelische Überlastung. Chronische Müdigkeit und latente Überforderung. Sechs Wochen musste sie im Krankenhaus bleiben.

Für Karl hatte damit etwas ganz Neues und gleichzeitig doch so vertraut Altes begonnen. Jeden Tag hatte er Annemarie im Krankenhaus besucht. Nicht nur einmal war er dabei ihrem Vater Josef begegnet. Und ihrer Freundin Sarah, an die er sich noch von früher erinnern konnte. Seit er sich entsinnen konnte, war Sarah Annemaries beste Freundin gewesen. Sie hatten dieselben Kurse in der Hauswirtschaftsschule belegt und waren ein Herz und eine Seele. In den ersten Tagen im Krankenhaus hatte Annemarie niemanden sehen wollen. Nur Sarah hatte das Zimmer betreten dürfen. Karl kämpfte mit einem seltsamen Gefühl von Eifersucht bei dem Gedanken, dass Sarah im Gegensatz zu ihm die ganzen letzten Jahre an Annemaries Leben teilgehabt hatte.

Karl war wiedergekommen. Jeden Tag. Und jeden Tag hatte er Annemarie eine Blume mitgebracht. Eine Sonnenblume, eine Tulpe, eine Rose. Jeden Tag hatte er Sarah beobachtet, wie sie herein- und herauskam. Nicht selten mit rot verweinten Augen. Zu gerne hätte er gewusst, was sich in dem Krankenzimmer abspielte, aber Sarah verlor nur wenige Worte darüber. Nach zwei Wochen war ein alter Benediktiner gekommen. Angsterfüllt saß Karl gemeinsam mit Josef im Krankenhausflur. Das konnte nichts Gutes bedeuten. Wenn ein Priester gerufen wurde? Stand es denn so schlimm um Annemarie? Warum hatte ihm das keiner gesagt? Aber der Priester war wieder gegangen, und schließlich hatte sie ihn eingelassen. Karl wusste zu dem Zeitpunkt nicht, was die Wende gebracht hatte, aber er dachte auch nicht weiter drüber nach.

Er war an ihr Bett getreten, hatte in ihre grünen Augen gesehen und war schlagartig in seine Jugend zurückkatapultiert worden. Was folgte, war eigenartig und wunderbar. Schüchterne Wortwechsel. Unsicheres Schweigen. Langsames Entdecken des anderen. Vorsichtiges Vertrauen fassen. Und so viel mehr. So viel zu erzählen. So viel Zeit aufzuarbeiten. So viel zu entdecken und wiederzufinden. Es waren wohl die intensivsten sechs Wochen gewesen, die Karl seit dem Tod seiner Frau erlebt hatte. Denn natürlich war es nicht nur eine Zeit des unschuldigen Entdeckens gewesen. Im Gegenteil. Die Stunden, die er an Annemaries Bett verbrachte, waren gefüllt gewesen mit Lachen und Schmerz, Erinnerung und Gegenwart, Anklage und Vergebung.

Er betrachtete die Frau, die ihm gegenübersaß. Ihre Wangen glühten jugendlich. Wäre ihr volles schwarzes Haar nicht von grauen Strähnen durchzogen gewesen, man hätte ihr die Jahre nicht angesehen. Annemarie spielte mit einer Haarsträhne, was sie noch jünger wirken ließ, und ihre grünen Augen blitzten ihn vergnügt an. Sie strahlte eine Energie und Lebensfreude aus, die ihn sprachlos machten. Karl konnte nur staunen über diese letzten Monate. Nachdem sie aus dem Krankenhaus entlassen worden war, hatten sie sich weiterhin jeden Tag getroffen. Jeden Tag. Und Annemarie war aufgeblüht. Wie eine dieser Wüstenblumen, die lange Zeit ohne Wasser auskommen und mit nur wenigen Tropfen zu voller Pracht erwachen. Selbst Lina, die Annemarie vor wenigen Wochen kennengelernt hatte, konnte sich ihrem Charme nicht entziehen und mochte sie offensichtlich. Und Annemarie war ihm, Karl, tatsächlich eine nicht wegzudenkende Stütze gewesen, als Lina ihm eröffnet hatte, dass sie schwanger sei. Von Anfang an hatte Annemarie für Lina ein offenes Ohr gezeigt. Manchmal hatte Karl sich sogar dabei erwischt, wie er seine Tochter neidisch beobachtete, wenn sie mit Annemarie in ein Gespräch über den Fortgang der Schwangerschaft vertieft war. Aber er war sich bewusst, dass es ein großer Segen war, dass Annemarie sich mit Lina gut verstand. Annemarie nahm seine Tochter einfach an, wie sie war, und offensichtlich hatte sich in den letzten Wochen zwischen den beiden eine gegenseitige Zuneigung entwickelt.

Karl wollte keinen Tag mehr ohne diese Frau erleben. Aufgeregt spielte er mit dem kleinen Kästchen in seiner Hosentasche. Dann gab er sich einen Ruck. Tausendmal war er die Situation in seinem Kopf durchgegangen. Jetzt war sie da. Er wusste es. Jetzt oder nie. Karl atmete tief durch und beugte sich vor. Aufmerksam sah ihn Annemarie an. Seine Stimme klang rauh vor Aufregung. Er griff über den Tisch nach ihrer Hand.

»Annemarie ...«, setzte er an. Kurz verspürte er Atemnot, dann kamen die Worte leicht über seine Lippen. »Ich weiß, dass wir beide bereits ein ganzes Leben hinter uns haben. Jeder ein eigenes. Und ich weiß, dass es wie eine romantische Kitschidee klingen muss. Aber ich will noch einmal von vorne beginnen. Mit dir. Fang auch du noch einmal neu mit mir an. Willst du mich heiraten?«

JULI

ODER

»ICH WÜRDE JA GEHEN, WENN ICH WÜSSTE, WOHIN!«

Wusstest du, dass es im Hebräischen kein Wort für Zufall gibt? Wenn man Zufall sagen möchte, muss man sich des arabischen Wortes *Hasard* bedienen! Das hat mich ganz schön umgehauen. Und ich finde es ganz schön beruhigend. Bei Gott gibt es keine Zufälle; nicht mal ein Wort dafür in der Sprache seines auserwählten Volkes.«

Nachdenklich lehnte Constantin sich zurück und dachte über Hannas Worte nach. Das mochte er so an ihr. Sie schnappte irgendwo irgendwelche Ideen auf und dachte dann darüber nach.

»Ja, wusste ich wohl, es muss mir im Studium mal untergekommen sein, aber ich hatte es vergessen.«

Die beiden Freunde saßen nach der Sonntagsmesse auf einer Parkbank vor der Kirche, und ein paar Birkenbäumchen spendeten ihnen etwas Schutz vor der Sommerhitze. Ein leichter Wind machte es etwas erträglicher, draußen zu sitzen, obwohl die Temperaturen fast nicht zum Aushalten waren. Hanna beobachtete ein kleines blondes Mädchen, das ihr bereits in der Messe aufgefallen war. Sie trat gerade an der Hand einer älteren Frau aus der Kirche. Die beiden unterhielten sich angeregt. Die Kleine hatte sich zur Kommunion angestellt, nur um dann im letzten Moment auszuscheren und wieder auf ihren Platz zu schleichen. Dabei hatte sie so traurig ausgesehen, dass es Hanna die Kehle zugeschnürt hatte. Sie schob den Gedanken, was da wohl vorgefallen sein mochte, beiseite und wendete sich Constantin zu.

»Wie geht's Paul? Du hattest erwähnt, dass er eine Freundin hat? Wie heißt sie?«

»Paul geht's gut. Sehr gut sogar. Das Mädchen heißt Ella,

und wie es ausschaut, könnte das was Ernstes sein zwischen den beiden. Paul redet von kaum etwas anderem. Mein kleiner Bruder hat ja nie Probleme mit dem weiblichen Geschlecht gehabt, trotz seiner Blindheit. Dieses Mal scheint es ihn jedoch richtig erwischt zu haben. Du wirst sie kennenlernen. Ich habe sie zur Weihe eingeladen.«

»Bist du nervös?«, wechselte Hanna das Thema und betrachtete ihn aufmerksam. Sie strich sich eine verschwitzte Haarsträhne hinters Ohr und wartete auf Constantins Antwort. In drei Wochen würden er und drei andere zum Priester geweiht. Hanna war selbst noch nie auf einer Priesterweihe gewesen und neugierig, wie das sein würde. Constantin saß ganz entspannt neben ihr und hielt die Augen geschlossen.

Sie kannte Constantin aus dem BWL-Studium. Constantin war damals ihr Studienhelfer gewesen, als sie frisch an die Universität gekommen war. Er hatte bereits an seiner Diplomarbeit geschrieben. Sie hatten sich von Anfang an gut verstanden. Schnell waren sie draufgekommen, dass sie einiges gemeinsam hatten. Durch Zufall hatten sie sich ein paar Wochen nach Semesterbeginn in der Kirche getroffen. Danach hatte Constantin sie zum Brunch eingeladen. Dass sie beide katholisch waren und auch der Glaube eine Rolle in ihrem Leben spielte, hatte sie sehr verbunden. Es war nicht gerade das Hauptthema unter den BWLern an der Uni, und es hatte beiden gutgetan, jemanden zu haben, mit dem sie über dieses Thema genauso sprechen konnten wie über alles andere, ohne gleich als fromme Spießer abgestempelt zu werden. Später hatten sie dann sogar einen Gebetskreis gegründet. Hanna war von Herzen dankbar gewesen, an der Uni gleich auf jemanden zu stoßen, der ihren Glauben teilte und sich ebenfalls gerne damit auseinandersetzte. Sie waren Freunde geworden, und Hanna hatte Constantins weiteren Weg mal aus der Nähe, mal aus der Ferne mitverfolgt. Es war schön, einen Freund wie ihn zu haben. Er war ihr wie der große Bruder, den sie sich immer gewünscht hatte. Die Gespräche mit ihm hatten immer eine Tiefe und Dimension, die sie bei anderen vermisste. Er war klug und konnte gut zuhören. Auch hatte er eine erstaunliche Gabe, sich in Menschen hineinzuversetzen. Alles Eigenschaften, die ihn zu einem guten Priester machen würden. Da war sie sich ganz sicher. Auffordernd blickte sie ihn an: »Und?«

Constantin verschränkte die Arme vor der Brust und atmete genussvoll die warme Sommerluft ein. Die Hitze schien ihm nicht zuzusetzen. Eher genoss er sie. Dann schüttelte er den Kopf.

»Nein, eigentlich nicht mehr. Aber voller Freude. Weißt du, vielleicht brauchte ich die Verwirrung, um mir ganz klarzuwerden. Seit ich mit Alexandra gesprochen habe, ist da eine ganz tiefe Ruhe in meinem Innern. Meine Berufungsgeschichte zu erzählen war für mich wie eine innere Bestätigung. Es gibt eben keine Zufälle.«

Er lachte und fuhr dann fort: »Ich habe die Auseinandersetzung mit der Frage nach dem Zölibat lange vor mir hergeschoben, weißt du? Und das war nicht gut. Es war enorm wichtig für mich, dass ich durch diese Verwirrungsphase mit all den Fragen, die dazugehören, gegangen bin. So kann ich meine Entscheidung mit offenen Augen treffen. Nicht mit einem ganz und einem halb zugedrückt. Du kannst dir gar nicht vorstellen, wie wunderbar meine Berufung ist. Und das merke ich besonders dann, wenn ich darüber schreibe, erzähle, nachdenke oder bete. Es war eine Prüfung, durch die ich gehen musste. Ein eigenartig wundervoller Prozess, der zur Berufung dazugehört und, wie Pater Kilian meint, zweifellos Zeichen ihrer Echtheit ist. Aber ich brauche nicht einmal eine Bestätigung. Ich kann es spüren. Ich bin ganz voll davon. Und der Herr lässt sich nicht übertreffen in seiner Liebe zum Berufenen, wie ich am eigenen Leibe erleben durfte und immer noch darf.«

Er musste wieder lachen. Es klang befreit und glücklich, schoss es Hanna durch den Kopf. Sie beneidete den Freund ein bisschen um seine sichere Gelassenheit. Er wusste, wo er hinwollte. Und er wusste, wie er dorthin kam. Und er wusste, dass er dort willkommen war, ganz im Gegensatz zu Hanna. Und für den Rest, der im Ungewissen lag, hatte er ein unschätzbares Vertrauen, dass Gott es fügen würde.

»Und wie ist es bei dir? Alles klar? Hat er sich gemeldet?«

Hanna blickte zur Seite. Sie konnte Constantins mitfühlenden Blick nur schwer ertragen. Nein. Ben hatte sich nicht mehr gemeldet seit ihrem klärenden Gespräch. Das war jetzt fast ein halbes Jahr her. Kein Wort. Keine Mail. Nicht einmal eine SMS. Dabei müsste das Kind mittlerweile geboren worden sein. Nicht einmal das wusste sie mit Sicherheit. Sie hatte so gehofft, etwas von ihm zu hören. Wie es Ben ging, wie er zurechtkam, was mit ihm los war!

Aber nichts.

In ihrem tiefsten Innern war die Hoffnung auch noch nicht versiegt. Wie konnte sie auch. Die wenigen Wochen, die sie Ben gekannt hatte, waren so intensiv gewesen. Sie hatte das Gefühl gehabt, ihn genau zu kennen. Und erkannt worden zu sein. Zum ersten Mal war ihr bewusst geworden, welch tiefer Sinn darin lag, dass in der Bibel von »erkennen« gesprochen wurde, wenn zwei Menschen sich liebten. Sie glaubte Ben zu lieben. Noch nie hatte ein Mann in ihr solche Gefühle hervorgerufen. Und noch nie war sie sich im Zuge dessen so verletzlich vorgekommen. Es passte irgendwie nicht zu Ben, so sang- und klanglos zu verschwinden. Na klar, sie hatten es so besprochen. Dass er Zeit brauchte.

Dass er sich kümmern musste. Und dass er dazu ganz frei sein sollte. Sie bewunderte seinen Willen, seine Verantwortung zu übernehmen und zu tragen.

Aber nichtsdestotrotz hatte sie gehofft und gebetet, dass er plötzlich vor ihrer Tür stehen würde. Um zu sagen, dass er es ohne sie nicht aushalten konnte. Um sie ganz in sein Leben zu lassen, weil er realisiert hatte, dass er das alleine weder schaffen konnte noch wollte. Wie gerne wäre sie bereit, das Leben mit all seinen Wirrungen und Lasten mit ihm gemeinsam zu tragen. Sie seufzte und schüttelte den Kopf. Sie wollte nicht über Ben sprechen. Wenn sie es tat, kam sie immer am selben Ende wieder an. Sie drehte sich im Kreis und kam nicht weiter.

Und wie konnte sie Constantin gestehen, dass sie bereits dreimal vor Bens Schule gestanden hatte und kurz davor war, hineinzugehen und ihn zu »stellen«? Und wie idiotisch sie sich dabei vorgekommen war? Sie hatte im letzten Moment immer einen Rückzieher gemacht. Schließlich hatte er auf ihre Anrufe nicht reagiert. Auch nicht auf ihre E-Mail. Sie war einfach völlig verwirrt. Die Zeit mit ihm hatte sich so verdammt »wahr« angefühlt. Und jetzt dieses völlige Schweigen. Sie wollte es zu seinen Gunsten interpretieren; dass er erst alles regeln wollte, sie nicht damit belasten, nicht hineinziehen wollte in sein Chaos. Und war sie nicht auch mit schuld an seinem Schweigen? Erst hatte sie ihn ständig mit Anrufen zugeschüttet. Er hatte nicht reagiert. Dann, bei ihrem letzten Gespräch, hatte sie ihm volle Freiheit zugestanden. Sie hatte ihm gesagt, er bräuchte nicht an sie denken, solle jetzt nur an das Kind denken. Er sei frei. Sie hatte das damals auch so gemeint. Es tat dennoch weh, dass er sich nicht meldete. Dass keine Reaktion von ihm kam. Von ganzem Herzen wollte sie das Beste von ihm denken, aber es fiel ihr von Tag zu Tag schwerer.

Lina. Zu gerne hätte sie gewusst, wie diese Frau ist. Sie musste Ben ja gut im Griff haben beziehungsweise nach Bens Erzählungen eine ziemliche Zicke sein. Aber gleichzeitig auch ein armes Ding. Anfänglich hatte Hanna eine unbändige Wut auf Lina verspürt. Wie konnte sie nur mit Abtreibung drohen. Richtig erpresserisch war das. Aber die Wut hatte nicht lange angehalten. Denn viele Male war es Hanna durch den Kopf gegangen, wie sie sich wohl an Linas Stelle jetzt fühlen würde. Schwanger von einem Mann, der sie nicht mehr wollte? Mit der Aussicht, alleinerziehende Mutter zu werden? Schon oft hat sie sich gefragt, ob sie Ben überhaupt für sich beanspruchen durfte. Zerstörte sie so nicht auch die Hoffnung auf eine gesunde Familie für das Kind? Aber da waren auch die Gefühle zwischen Ben und ihr. Und schließlich hatte er seine Beziehung zu Lina ja beendet, bevor er Hanna überhaupt kennengelernt hatte. Es war zum Verzweifeln. Alle Gedanken drehten sich im Kreis. Und am Ende hatte sie keinen Einfluss auf das, was kommen würde. Es lag an Ben, eine Entscheidung zu treffen. Sie konnte nur beten, dass es die richtige sein würde.

»Nein. Aber eigentlich wollte ich auch nicht mit dir über Ben sprechen!«, sagte sie nach einer Weile des Schweigens.

Mit hochgezogenen Augenbrauen betrachtete Constantin sie fragend. Verstehe einer einmal die Frauen. In den letzten Wochen war Ben das beherrschende Thema gewesen, und Constantin musste sich das eine oder andere Kotelett vom Ohr gekratzt haben, das sie ihm darangeredet hatte.

»Es geht um meinen Job. Ich habe das Angebot bekommen, ins Ausland zu gehen. Mein Chef geht demnächst in Ruhestand, und als letzten Akt soll er in Prag eine Außenstelle einrichten, und er hat mich gebeten, die Koordination zu übernehmen. Er wird dort eine Assistentin vor Ort brauchen, und da ich etwas Tschechisch spreche, wäre das von enormem Vorteil.«

»Und? Willst du es machen? Klingt doch nach einer tollen Gelegenheit!«

Ja. Gewiss. Es war eine tolle Gelegenheit. Hanna wusste auch nicht recht, warum sie noch zögerte. Weil ihre Großmutter in Prag aufgewachsen war, hatte sie als Kind etwas von der Sprache gelernt. Außerdem liebte sie die Goldene Stadt. Als Kind hatte sie oft die Sommermonate dort bei ihrer *Babička* verbracht. Und sie hatte sich schon lange gewünscht, mal für ein paar Jahre ins Ausland zu gehen. Warum fühlte sich dann alles so falsch an? Lag es an Ben? Da war sie nun doch wieder bei Ben angekommen, obwohl sie doch nicht über ihn nachdenken wollte. War es der kleine Hoffnungskeim in ihrem Innern, der nicht zu ersticken war, der sie davon abhielt, mit Freude ihre eigene Zukunft in die Hand zu nehmen? War es das wirklich? Was machte sie so unentschlossen? Warum ergriff sie die Chance, die ihr auf dem Silbertablett serviert wurde, nicht mit beiden Händen? Sie war sich bewusst, dass sie an einer Weggabel ihres Lebens angekommen war. Und sie musste sich für einen der Wege entscheiden. Es war nicht gut, an der Stelle Wurzeln zu schlagen.

Sie versuchte das Für und Wider in ihrem Kopf zu strukturieren. Ihr ganzes Leben war hier. Ihr Zuhause. Ihre Freunde. Das vertraute Arbeitsumfeld. Nach Prag zu gehen würde alles ändern. Sie müsste einen großen Schritt wagen. Wollte sie das? Und vor allem, wollte sie das alleine? Früher, während ihres Studiums, wäre sie, ohne zu zögern, ins Ausland gegangen. Aber jetzt? Wäre sie verheiratet, dann wäre das etwas anderes. Dann würde sie mit ihrem Mann überallhin gehen. Da war sie sicher. Aber so ganz alleine? Wenn sie es genau bedachte, dann machte es ihr Angst.

»Würdest du gehen?«, fragte sie Constantin, anstatt seine Frage zu beantworten.

Constantin überlegte eine Weile. Dann meinte er: »Ein Freund von mir hat einmal gesagt: Wenn ich etwas tue, dann kann ich etwas falsch machen. Wenn ich nichts tue, dann mache ich meistens alles falsch.«

Erwartungsvoll sah Hanna ihn an. »Und? Was heißt das jetzt für mich?«

»Ich kann dir die Entscheidung nicht abnehmen, Hanna. Aber ich werde das Gefühl nicht los, dass dein Zweifeln mit Ben zusammenhängt. Noch vor einem halben Jahr wärst du, ohne zu zögern, auf das Angebot deines Chefs eingegangen. Es ist ja nicht für immer. Und es ist eine riesige Chance für dich. Wenn du meinen Rat willst ...« Er zögerte.

»Ja – her damit!«

»Das bist nicht du. Das sieht dir gar nicht ähnlich, so in einer Situation zu verharren. Und so unschlüssig zu sein. Ich denke, du solltest als ersten Schritt die Situation mit Ben klären. Und dann weiter entscheiden. Sonst wirst du das mitnehmen, egal wohin du fliehst.«

»Fliehen. Wäre es das? Klingt irgendwie hart.«

»Wäre es das nicht?«

AUGUST

ODER

»ERSTENS KOMMT ES ANDERS, ZWEITENS ALS MAN DENKT!«

Nervös zog Ella noch einmal die Bürste durch ihre Haare. Sie konnte es einfach nicht lassen. Ob das Kleid dem Anlass entsprechend war? Seriös genug? Ja, sagte sie sich mit plötzlicher Entschlusskraft. Das blaue Etuikleid ist genau richtig! Dazu den schönen Blazer mit dem rosa Kragen und den passenden Manschetten. Heute würde sie nicht zu spät kommen, weil sie sich nicht entscheiden konnte. Basta!

Sie warf einen letzten Blick in den großen Spiegel und seufzte. Dann lächelte sie sich aufmunternd zu. Es war die eigenartigste Situation, in der sie jemals war. Sie ging mit einem blinden Mann aus und wollte sich dennoch für ihn so schön wie möglich machen. Irgendwie absurd, fand sie. Aber schon sehr lange hatte es niemanden mehr in ihrem Leben gegeben, dem sie wirklich gefallen wollte. Nein, so ganz stimmte das natürlich nicht. Ella machte sich gerne hübsch, richtete sich gerne her. Aber im Grunde mehr als Fassade, mehr zum Schutz. Sie hatte festgestellt, dass nur sehr wenige sich hinter ein perfektes Äußeres wagten. Ihr Aussehen war ihre stärkste Deckung im Fechtkampf des Lebens, und dahinter versteckte sie gleichzeitig ihre große Unsicherheit. Hielt sie die Deckung perfekt aufrecht, so konnte sie nicht getroffen werden. Und getroffen werden brachte Schmerzen mit sich. Das wusste sie.

Sie wusste, dass sie schön war, seit sie elf Jahre alt war. Die harten Worte ihres Vaters klangen in ihrer Seele nach: »Ella ist einfach zu hübsch, um schlau zu sein!«

Das hatte er zu ihrer Mutter gesagt, als er dachte, sie höre es nicht. Und es hatte verdammt weh getan. Das war nur wenige Wochen vor dem Tag gewesen, an dem ihre Eltern ihr eröffnet hatten, dass sie sich scheiden lassen würden. Ella spürte deutlich, dass sie mit schuld an der Trennung ihrer Eltern war. Obgleich ihr Vater sie für dumm hielt, liebte er sie doch sehr. Daran hatte Ella damals keinen Zweifel. Nur seine Art, es zu zeigen, hatte ihrer Mutter nie gefallen. Erst Jahre später hatte Ella begriffen, dass ihre Mutter sie wohl vor Schlimmem bewahrt hatte, indem sie sich von ihrem Vater trennte. Dennoch war auch die Beziehung zu ihrer Mutter daran zerbrochen, weil sie damals dachte, dass sie ihr den Vater vorenthalte. Viele Jahre später hatte sie die Wahrheit erfahren. Ihrem Vater war das Sorgerecht für sie entzogen worden, weil seine krankhafte Neigung zu jungen Mädchen mehr und mehr zutage getreten war. Es dauerte Jahre, bevor er in eine Therapie einwilligte, die Bedingung dafür war, dass er seine Tochter wiedersehen durfte. Bevor Ella jedoch noch einmal die Chance bekam, ihrem Vater gegenüberzutreten, war er bei einem Autounfall ums Leben gekommen.

Erst nach dem Unfall vor fünf Jahren hatten sich Mutter und Tochter wiedergefunden und endlich offen über alles sprechen können. Ella war damals gerade zweiundzwanzig geworden, und sie hatte ihre Mutter seit Beginn ihres Studiums kaum gesehen.

Heute hatte sie wieder regelmäßigen Kontakt zu ihrer Mutter, aber eine wirklich enge Beziehung hatte sich nie entwickelt. Im Rückblick erkannte Ella, welche Folgen die unbedachten Worte und Blicke ihres Vaters sowie die Trennung ihrer Eltern für sie gehabt hatten. Aber obwohl sie die durchschaut hatte, so war es doch sehr schwer für sie, etwas daran zu ändern. Erst vor kurzem hatte sie begonnen, einmal pro Woche zu einer Psychologin zu gehen. Alexandra hatte ihr dazu geraten. Und tatsächlich konnte Ella mit deren Hilfe mehr und mehr erkennen, wie sie der Schmerz ihrer Kindheit geformt hatte. Damals hatte sie begonnen, ihr Äußeres als Waffe einzusetzen. In den folgenden Jahren hatte sie vielen Jungs, später Männern den Kopf verdreht. Ohne sie jedoch jemals ganz an sich heranzulassen. Ja. Im Beziehungsfechten war sie große Klasse. Tief in ihrem Inneren aber war sie ein verunsichertes Kind. Ein Kind, das nicht feststellen konnte, ob sie jemand mochte, weil sie aussah, wie sie aussah, oder weil sie war, wie sie war. Und darin lag der entscheidende Unterschied.

Wer hätte vor vier Monaten gedacht, dass das Blind Date von Alexandra eine derartige Wendung nehmen würde? Paul – Paul, Paul, Paul. In Gedanken wiederholte sie seinen Namen, dann laut. Sie lachte über sich selbst. Woher kam dieses Glücksgefühl? Diese stetig sprudelnde Freude, die sie empfand, wenn sie nur an Paul dachte? Und wie kam sie dazu, sich auf ihn einzulassen? Dass sie ihre Deckung aufgegeben hatte und von ihm getroffen werden wollte? Ella, die ewig Unsichere. Ella, die Unentschiedene. Ella, die Ängstliche. Ella, die möglichst vor jeder sich abzeichnenden Bindung die Kurve kratzte! Genau diese Ella war im Begriff, sich völlig zu verlieren, alle Vorsicht über Bord zu werfen und sich auf etwas einzulassen. Nicht auf etwas, auf jemanden. Auf Paul.

Es brachte sie völlig aus dem Konzept. Gleichzeitig fühlte es sich richtiger an als alles, was sie bisher gewagt hatte. Paul war anders. Na klar, er war blind. Aber das war es nicht. Es faszinierte Ella, wie Paul trotz seiner Blindheit so völlig selbstbewusst im Leben stand. Er strahlte eine Ruhe und Gelassenheit aus, die man einfach mögen musste. Vielleicht reagierte sie deswegen so stark auf ihn. Weil er darin das Gegenteil von ihr war. Paul war seit seiner Geburt blind. Und er hatte nicht nur gelernt, damit zu leben, sondern sogar sein Leben zu genießen und etwas daraus zu machen. Im Grunde hatte er das geschafft, was sie noch lernen musste. Auch wenn es paradox klang, aber ihre Schönheit und ihr damit verbundener Komplex waren auch eine Behinderung, mit der sie umzugehen lernen musste. Und von Paul konnte sie in dieser Hinsicht eine Menge lernen. Abgesehen davon, dass sie sich in seiner Nähe angenommen und geschätzt fühlte. Er nahm sie ernst, gab sich Mühe, zu ihr vorzudringen. Und ganz offensichtlich mochte er Ella so, wie sie war. Denn er wusste nicht, dass sie schön war.

Vom ersten Moment an, als er ihre Hand betastet hatte, hatte er eine angenehme Spannung in ihr ausgelöst. Eine unerwartete Reaktion. Ella hatte an dem Nachmittag kaum etwas von Constantin mitbekommen. Es war eine glückliche Fügung, dass sie Alexandra begleitet hatte. Von der ersten Sekunde an hatte ihre ganze Aufmerksamkeit Paul gegolten, mit dem ja eigentlich Alexandra verabredet gewesen war. Zu Beginn war es wohl mehr reine Neugierde gewesen. Ella interessierte sich von jeher für Menschen. Für das, was Menschen ausmachte. Für das, was sie zu dem machte, was man sehen konnte. Und sie wollte immer das herausfinden, was man nicht sehen konnte. Darin war sie ein Genie. So hatte sie Paul ausgefragt, ja förmlich ausgequetscht. Sie wollte alles über ihn wissen. Überraschenderweise war er um keine Antwort verlegen gewesen. Es schien ihm nichts auszumachen, dass sie ihn ausquetschte wie eine reife Zitrone. Selbst als sie ihn gebeten hatte, die dunkle Sonnenbrille abzunehmen, damit sie seine blinden Augen sehen konnte, war er nicht in Verlegenheit geraten. Er hatte gelacht und sich bereitwillig ihren Blicken ausgesetzt. Er schielte ein wenig, und die Pupillen schienen von einer weißlichen Schicht überzogen zu sein. Ella fand es faszinierend. In diesem Augenblick fiel ihr auf, was für schöne Wimpern und gerade Augenbrauen Paul hatte. Und was für ein attraktives Gesicht.

Aber dabei war es nicht geblieben. Es war nicht wie so oft gewesen, wenn Ella einen Menschen kennenlernte. Sie fand dann alles über ihr Gegenüber heraus, ohne jedoch viel von sich selbst preisgeben zu müssen. Davon konnte sie prima ablenken. Einfach indem sie war, wie sie war. Mit den großen Augen, den langen Haaren, ihrer ganzen Erscheinung. Sie wusste, dass die meisten Menschen sie sehr schnell in eine Schublade steckten. Überdreht, lustig und ein bisschen oberflächlich, vielleicht sogar dumm. Das war eine Art Schutzmechanismus, manchmal eine Waffe, und es gab nur wenige Menschen, die diesen durchschaut oder gar durchbrochen hatten. Wenige, die den Mut und die Ausdauer hatten, hinter ihre Fassade zu blicken. Ihre Freundin Alexandra war einer dieser Menschen. Vielleicht lag es daran, dass sie sich schon aus Kindertagen kannten. Daran, dass sie Alexandra einfach nichts vormachen brauchte und konnte. Auch weil Alexandra sich nicht viel aus Äußerlichkeiten machte und Ellas Geschichte in- und auswendig kannte. Wie dankbar sie für diese Freundschaft war. Ella brauchte immer sehr lange, bis sie bereit war, sich jemandem zu öffnen. War man allerdings einmal zu ihr durchgedrungen und hatte einen Platz in ihrem Herzen erobert, dann war dieser unumstößlich und fest.

Paul hatte es irgendwie geschafft. Mit kurzen Zwischenfragen und leicht interessiertem Nachhaken hatte er sie aus sich herausgelockt. Gleich beim ersten Mal. Ella konnte es sich immer noch nicht erklären, wie es dazu gekommen war. Aber sie hatte ihm von sich erzählt. Ohne Angst. Einfach so. Von der Ella, die sie wirklich war. Von dem, was sie erlebt hatte. Von ihren Ängsten und Schwächen. Einfach so.

Lag es daran, dass sie ihn nicht verwirren konnte durch die Art, wie sie sich bewegte, ihre Augen und ihren Körper im Gespräch einsetzte? Das war sicher die eine Erklärung. Es war aber nicht die einzige. Sie fühlte sich in seiner Nähe sicher. Und er berührte einen Punkt in ihrem Inneren, den sie lange verloren geglaubt hatte. Er brachte etwas in ihr in Bewegung, was viele Jahre lang im Stillstand verharrt war.

Darum hatte sie ihn gebeten, sich wieder mit ihr zu treffen. Freiheraus und ohne groß darüber nachzudenken, was sie gerade tat. Wieder etwas, was sie sonst nie gemacht hatte. Sie wusste, wie man sich umwerben ließ. Wie man Männer lockte. Bei Paul konnte und wollte sie nicht spielen. Sie wollte ihn einfach kennenlernen. Paul hatte gelacht und sich bereitwillig auf ein nächstes Treffen eingelassen. Als er vorgeschlagen hatte, sie könnten doch gemeinsam ins Kino gehen, glaubte Ella erst, er nehme sie auf den Arm. Aber er meinte es durchaus ernst. Es gab Kinos mit Blindenkommentaren, und so waren sie eben ins Kino gegangen. Eine sonderbare Erfahrung. Dann Eis essen beim Italiener. Dann in die Oper. Dann zum Blindenhundetraining, wo Paul im Nebenjob als Trainer arbeitete. Als Paul sie schließlich zum ersten Mal geküsst hatte, war sie schlichtweg geschmolzen. Ohne Widerstand. Ohne Angst. Das Leben konnte so verdammt schön sein!

Ella schüttelte den Kopf und machte sich auf den Weg, um Alexandra zu treffen. Sie war ein bisschen nervös und sehr erleichtert, dass ihre beste Freundin auch mit von der Partie war. Wenn man es genau nahm, würde sie heute Pauls Familie kennenlernen. Constantin hatte sie herzlich zu den Feierlichkeiten anlässlich seiner Priesterweihe eingeladen. Aber sie wurde ganz hibbelig bei dem Gedanken, heute Pauls Eltern gegenüberzutreten. Und nicht nur seine Eltern würden da sein. Auch seine Großeltern und viele Verwandte. Zum ersten Mal hatte sie Fluchtgedanken, gepaart mit Panik. Aber sie wollte nicht auf ihre innere Stimme hören. Sie wollte sich auf das Abenteuer einlassen. Hundert Prozent.

Abgesehen davon war heute ein spannender Tag, weil Bens Kind geboren worden war. Ella hatte bislang nur eine kryptische SMS von ihrer Freundin erhalten, in der sie mitgeteilt hatte, dass Linas Wehen eingesetzt hatten und es wohl eine lange Nacht werden würde. Als sie an der Bushaltestelle ankam, an der sie verabredet waren, war von ihrer Freundin noch nichts zu sehen. Das war völlig untypisch. Alexandra war eigentlich immer pünktlich, und im Normalfall war Ella diejenige, die zu spät kam. Schließlich sah sie aber ihre Freundin die Straße heruntereilen. Sie trug doch ausnahmsweise tatsächlich mal ein Kleid und sah darin richtig fesch aus. Als Alex ihr entgegenkam, strahlte sie bereits übers ganze Gesicht.

»Na? Mädchen oder Junge? Gratuliere der Tante!«, rief ihr Ella schon von weitem zu. Alexandra, die schnell die Straße überquerte, kicherte und wirkte völlig aufgedreht. Leicht verwundert, umarmte Ella sie.

»Und? Erzähl! Wie war's?«, bohrte sie nach.

»Oje …« Alexandra kicherte haltlos. Ihre Wangen waren gerötet, und ihre Augen glänzten übernächtigt. Sie schlug sich die Hand vor den Mund, wie um das Kichern zu ersticken, das in kleinen Wellen aus ihr herausquoll.

»Ich darf nicht darüber lachen. Das darf ich nicht!«, schimpfte sie sich selbst. Bemüht, die Fassung wiederzuerlangen, stemmte Alexandra den Arm in die Seite, als habe sie Seitenstechen. Aber im selben Moment überkam sie schon wieder ein Lachanfall. Ella stand völlig perplex vor ihr und beobachtete die Freundin, die nach Luft japsend versuchte, das Lachen unter Kontrolle zu bekommen.

»Was ist denn nun so komisch?«

»Gar nichts ist komisch … absolut gar nichts«, antwortete Alexandra und wischte sich die Lachtränen aus den Augenwinkeln, als sie endlich wieder Luft bekam. Ihre maßlose Erheiterung war noch längst nicht abgeebbt. Verwundert schüttelte Ella den Kopf. So hatte sie ihre Freundin schon lange nicht mehr erlebt.

»Es ist … es ist …«, Alexandra bekam die Worte kaum heraus, weil sie bereits wieder lachen musste.

»Junge? Mädchen?«, fiel ihr Ella ins Wort.

»Junge«, presste Alexandra hervor. »Aber das ist es nicht. Es ist … total gemein von mir zu lachen!« Sie holte tief Atem. »Aber ich kann nicht anders. Der arme Ben. Mein armer, armer Bruder. Ach je – ach je …«

Sie schnappte nach Luft und hielt sich die Seite, während sie versuchte, ruhig und regelmäßig zu atmen. Ella verstand nur Bahnhof. Etwas Schlimmes konnte dem Baby nicht zugestoßen sein, sonst würde Alexandra bestimmt nicht lachen. Was um alles in der Welt konnte denn passiert sein?

»Er ist nicht der Vater!«, brachte Alexandra endlich einen ganzen Satz zusammen. Wumms. Das war allerdings eine krasse Neuigkeit. Neugierig beugte Ella sich nach vorne.

»Was?«, entfuhr es ihr erstaunt.

»Linas Kind hat eindeutig einen Schwarzafrikaner zum Vater. Ohne Zweifel. Ich bin nicht Tante, und Ben ist nicht Vater!«

Ellas Augen wurden groß, und sie wusste im ersten Moment nicht so recht, ob sie bestürzt sein sollte oder in Alexandras fast hysterischen Lachanfall einstimmen mochte.

»Du meinst … das heißt … Lina hat … Das kann doch nicht wahr sein!«

»Ich weiß!«, seufzte Alexandra erschöpft vor Lachen. »Wie in einem Film, oder? Ich konnte es selbst kaum glauben. Ich war ja bei der Geburt dabei, weil Ben mich darum gebeten hatte. Nachdem er und Lina nicht wieder zusammen sind, wollte er nicht selbst dabei sein. Aber er war so aufgeregt. Hat die ganze Zeit vorm Kreißsaal gewartet. Und dann das! Im ersten Moment war ich nicht sicher. Weißt du, schwarze Kinder kommen ja ganz weiß auf die Welt. Sie werden erst durch den Lichtkontakt etwas später dunkel. Aber es war eindeutig. Ohne Zweifel. Ich war völlig geschockt. Und Lina anscheinend auch. Sie hat angefangen zu weinen und meine Hand gar nicht mehr losgelassen. Sie hat erzählt, dass sie diesen One-Night-Stand gehabt habe und so … ja soooo sehr gehofft hatte, dass doch Ben der Vater wäre. Möglich wäre es wohl gewesen.«

Alexandra musste erst mal tief Luft holen, bevor sie weitererzählen konnte.

»Gott sei Dank war auch ihr Vater da. Der ist dann bei ihr geblieben. Auch ziemlich geschockt, der arme Mann. So konnte ich mich dann um Ben kümmern. Du kannst dir bestimmt vorstellen, wie es ihm jetzt geht. Er ist völlig durch den Wind. Er hat sich so auf das Baby eingestellt, ja richtig gefreut hat er sich. Er war bereit, jegliche Verantwortung zu übernehmen. Obwohl die Beziehung zu Lina ja schon zu Ende war. Kein Wunder, dass er sich jetzt hintergangen fühlt. Er ist völlig fertig. Das ist wohl ein bisschen viel für ihn gewesen. Ich habe ihn gerade noch nach Hause gebracht und musste mich ja auch noch umziehen. Deswegen bin ich auch ein bisschen verspätet …«

Entschuldigend schaute sie die Freundin an. Ella winkte jedoch nur ab. Sie fand erst mal keine Worte, was ihr eher selten passierte. Als der Bus kam, zog sie Alexandra hinein. Sie mussten los. Heute wollte Ella auf keinen Fall zu spät kommen. Ihre eigene Panik hatte sie über dieser Sensationsmeldung fast vergessen.

»Oh, oh – auf diese Nachricht müssen wir nachher erst mal einen trinken!«

Alexandra nickte. Sie hatte sich mittlerweile wieder gefangen. »Na, dann mal los! Auf mit uns zur Priesterweihe!!«

Als Alexandra Ella vor wenigen Wochen davon erzählt hatte, dass Constantin Priester werde, war Ella tatsächlich aus allen Wolken gefallen. Paul hatte es mit keinem Wort erwähnt, dass sein Bruder Priesteramtskandidat war. Als sie ihn zur Rede gestellt hatte, war er ganz reumütig gewesen. Constantin hatte ihm das Versprechen abgenommen, es nicht zu erwähnen; zumindest so lange, bis er mit Alexandra darüber gesprochen habe. Das lag ihm sehr am Herzen. Ella hatte es nicht über sich gebracht, sauer auf Paul zu sein. Dafür fand sie es viel zu reizend, dass er tatsächlich ein Geheimnis bewahren konnte. Dennoch war sie erst mal schockiert gewesen. Sicher, Alexandra hatte wiederholt betont, sich nicht in ihn verliebt zu haben. In ihrem Enthusiasmus hatte Ella sich jedoch alles so schön für Alexandra ausgemalt. Diese Wunschgebilde fielen natürlich ins Wasser, wenn der Kerl Priester würde.

»Sag mal, Alex – ist es für dich nicht etwas eigenartig, auf Constantins Priesterweihe zu gehen? Warst du nicht doch ein klitzekleines bisschen verliebt in ihn? Wenigstens ein bisschen?«

Alexandra lachte laut auf. »Das weißt du doch bereits! Warum soll ich's dir noch einmal erzählen …«

»Och – bitte, bitte –, ich will nur wissen, wie es dir jetzt geht. Außerdem kannst du mich damit von meiner Nervosität ablenken. Ich habe schon lauter Fluchtgedanken und Puddingbeine, wenn ich daran denke, gleich Pauls Familie kennenzulernen. Mir ist fast schlecht!«

»Ach Ella – man könnte fast meinen, du wärst auf dem Weg zu deiner eigenen Hochzeit!«

Ella winkte nervös ab. Bloß nicht davon reden. Die bunte Mischung aus Gefühlen, die sie bei diesem Gedanken überschwemmte, war durchaus nicht unangenehm, aber gleichzeitig einfach zu viel für sie. Und dann hatte sie Alexandra auch noch nicht erzählt, dass Paul für vier Monate in die USA gehen würde. Und dass sie den Gedanken kaum aushalten konnte, so lange von ihm getrennt zu sein. Besser also, von sich abzulenken.

»Sag so was gar nicht erst. Sonst spei ich gleich hinter die nächste Bank. Nun? Constantiiiiiin?«

Sie zog seinen Namen albern in die Länge, und wieder musste Alexandra lachen. Immer brachte Ella sie zum Lachen. Dann schaute sie die Freundin ernst an. »Weißt du, vielleicht hätte ich mich in ihn verlieben können. Das ist wahr. Aber es hat einfach nicht gefunkt. Und ganz ehrlich, als er mir da gegenübersaß und von seiner Berufung erzählt hat ... da ... ich weiß auch nicht. Da hat das für mich total Sinn gemacht. Ich bin froh, dass ich mein Herz nicht an ihn verloren habe. Ich mag ihn. Er ist wirklich sehr nett. Aber nichts für mich. Das mit dem Priestertum ist tatsächlich sein Weg, da hängt sein Herz dran. Gott hat ihn tatsächlich gerufen ... ich kann es selbst nicht genau erklären. Aber es war ganz klar! Also kein Bedauern!«

Nachdenklich betrachtete Ella Alexandra. Kein Bedauern, sagte sie. Und Ella wusste, dass sie es ernst meinte. Alexandra fügte noch hinzu: »Und weißt du, was das Paradoxe daran ist? Kurz hat Constantin geglaubt, sich in mich verliebt zu haben. Er muss ganz verwirrt gewesen sein. Hat seinen ganzen Weg in Frage gestellt. Aber dann haben wir uns getroffen, und er hat mir von seiner Berufung erzählt. Nenn es, wie du willst – ich nenne es Heiliger Geist. Während er es mir erzählt hat, ist er innerlich ganz ruhig geworden. Und sicher ist, dass er das Richtige tut. Es war erstaunlich. Und was mich angeht: Den richtigen Mann wird mir der Herr schon noch über den Weg schicken!«

Jetzt war es an Ella, zu lachen. Dieser unumstößliche Optimismus machte Alexandra so liebenswert. Ihr Optimismus und ihre Selbstlosigkeit. Unschätzbar wertvolle Eigenschaften. Nicht immer konnte Ella es ganz nachvollziehen. Alexandra war ihr selbst so unähnlich, fast das genaue Gegenteil von ihr. Nicht dass Alexandra nicht hübsch wäre. Nein. Sie war klein und kräftig gebaut. Ihre blonden Haare trug sie zu einem kurzen, praktischen Bob geschnitten, und die Sommersprossen auf ihrer Nase ließen sie jünger aussehen, als sie war. Es war nicht ihr Äußeres. Es war ihr Wesen. Alex war so entschieden und gelassen. Sie hatte ein unumstößliches Gottvertrauen und war manchmal bis zum Verrücktwerden selbstlos. Immer stellte sie sich selbst an die letzte Stelle. Dabei war sie nicht schüchtern oder irgendwie eine »graue Maus«. Sie stand wirklich mit beiden Beinen fest im Leben.

Als die beiden Freundinnen bei der Kirche angekommen waren, wollte Ella gleich davonwirbeln, um Paul zu finden. Aber an der Eingangstür stand eine junge Frau mit einer Liste in der Hand, die ihnen zuwinkte. Sie streckte ihnen freundlich die Hand entgegen. »Hallo!«, sagte sie. »Ich bin Hanna. Ihr gehört zu Constantins Gästen? Die Familie ist bereits drinnen. Vorne links sind Plätze für euch reserviert.«

Ella bemerkte, wie Alexandra innehielt und Hanna anstarrte. »Hanna?«, fragte sie. »Doch nicht *die* Hanna? Bens Hanna? Ist das möglich?«

Die junge Frau schaute Alexandra sichtlich irritiert an, und Ella fragte sich kurz, wer Hanna sein sollte. Bens Hanna? Dann fiel es ihr wieder ein. Alexandra hatte es neulich erwähnt. Die andere Freundin ihres Bruders. Die, die er zurückgelassen hatte, weil Lina schwanger war. Neugierig nahm sie die junge Frau in Augenschein. Groß, dachte sie. Klassisch. Alexandras Frage schien Hanna nervös zu machen, und sie hantierte unruhig mit ihren Papieren.

»Ben? Woher kennst du denn Ben?«, fragte sie schließlich und blickte Alexandra aus blauen Augen direkt an.

»Ich bin seine Schwester Alexandra! Wie schön, Sie … äh … dich? … einmal kennenzulernen. Ben hat nur das Beste von Ihnen … äh … dir erzählt!«

Dann wurden sie von den nachfolgenden Gästen in die Kirche gedrängt; alles Weitere musste auf später warten. Oje, dachte Ella bei sich. Das konnte ja heiter werden.

Nach der feierlichen Weihe, die Ella sehr beeindruckt hatte, trafen sich alle, die für Constantin gekommen waren, in einem Restaurant. Es war ein feines Lokal unweit der Kirche. Viele Freunde und Verwandte Constantins hatten sich zu seinen Ehren hier eingefunden. Ella schaute sich suchend um.

Sie hatte Paul bereits in der Kirche entdeckt, konnte aber nicht zu ihm, da er ganz vorne mit seinen Eltern Platz genommen hatte. Sie hatte die drei beobachtet. Sie wusste von Paul, dass er ein sehr inniges Verhältnis zu seinen Eltern pflegte. Pauls Mutter beugte sich immer wieder zu ihrem Sohn, und Ella nahm an, dass sie ihm beschrieb, was vor sich ging. Sie wirkten unglaublich vertraut und gut eingespielt. Je länger sie die Familie beobachtete, desto mulmiger wurde ihr. »Da passt du nicht dazu«, sagte eine Stimme in ihrem Kopf, die sie zu ignorieren versuchte. »Du hast kaum noch ein Verhältnis zu deiner Mutter. Du kennst nur kaputte Ehen, kaputte Beziehungen. Du wirst alles kaputt machen.«

Energisch schob Ella den Gedanken weg, der die Angst in ihr wieder auflodern ließ. Nicht schon wieder. Sie würde nicht zulassen, dass sie wieder davonrannte. Aber obgleich sie das Gefühl zunächst erfolgreich unterdrücken konnte, spürte sie deutlich, dass eine kleine Flamme blieb und weiterbrannte.

Jetzt eilte sie, sobald sie ihn im Gedränge entdeckt hatte, auf Paul zu und begrüßte ihn freudig. Auch Paul freute sich sichtlich. In einer liebevollen Geste legte er den Arm um sie und zog sie zu sich. Seine Nähe ließ sie die kleine Flamme ihrer Furcht kaum mehr spüren. Erleichtert atmete sie auf. Sie blickte sich suchend um und sah Alexandra, die in einer Ecke des Raums mit Hanna, dem Mädchen vom Eingang der Kirche, sprach. Gut. Alexandra schien beschäftigt, also konnte sie sich voll und ganz auf Paul konzentrieren. Am liebsten würde sie ihm von ihren Ängsten erzählen, aber sie kam nicht dazu. Hinter Paul tauchte seine Mutter auf, seinen Vater gleich im Schlepptau.

Als Paul ihr seine Eltern vorstellte und dann auch noch seine Großmutter, war es, als gösse eine fremde Hand Öl in das Feuer. Ella blickte in die erwartungsfrohen, freundlichen Augen der Eltern. Pauls Großmutter tätschelte ihr die Hand und sagte: »Das ist also das Mädchen von unserem Paul.«

Ella sah Zuneigung und offene Arme, und das Feuer der Panik loderte wieder heiß und zerstörerisch in ihrem Innern auf. Sie schaffte es kaum, sich zusammenzureißen, während sie ein paar unverfängliche Worte mit den Eltern wechselte. Dann zog sie sich zurück und wusste, dass sie die Flammen nicht würde löschen können. Sie brannte förmlich und suchte nach dem passenden Augenblick, um zu fliehen.

Sie wollte nicht auffallen, also gesellte sie sich zu Alexandra, die sich immer noch angeregt mit Hanna unterhielt. Hanna sah nicht sehr glücklich aus. Wahrscheinlich hatte ihr Alexandra von dem Kind erzählt, und neue Hoffnung kämpfte nun mit alter Entmutigung in ihr. Aber Ella konnte sich jetzt keine Gedanken über andere machen. Sie musste hier raus. Sie erstickte förmlich. Als sie ihrer Freundin einen flehenden Blick zuwarf, verstand die sofort.

»Hanna – es tut mir so leid, wie das für euch gelaufen ist. Ich glaube, Ben braucht erst mal Zeit, alles zu verarbeiten. Ich ... ich weiß nicht, was ich dir sagen kann. Ich muss ... ich muss los.«

Entschuldigend nickte sie in Ellas Richtung. Ihre mitfühlende Miene zeigte deutlich, dass sie Hanna gerne helfen würde, aber nichts machen konnte. Hanna wirkte eigenartig resigniert und zuversichtlich zugleich, als sie antwortete: »Grüß ihn einfach von mir!«

Dann war Alexandra bei Ella, und die zog ihre Freundin fast hastig zur Tür. Gott sei Dank stellte Alexandra keine Fragen. Sie kam einfach mit. Ella lief drauflos, als wäre jemand hinter ihr her. Und irgendwie stimmte das ja auch. Es jagte sie ihr inneres Feuer. Alexandra hatte Mühe, Schritt zu halten. Dann blieb Ella plötzlich stehen, wandte sich um und begann zu schluchzen. »Alex – ich bin so ein Idiot. Ich mache immer alles kaputt!«

September

oder

»Die Entscheidung ist nur der Anfang von etwas.«

Das Klingeln des Telefons riss Ferdinand aus seiner Arbeit. Genervt runzelte er die Stirn und nahm den Hörer ab. In professionell freundlichem Ton meldete er sich: »Unternehmensberatung Krause und Kranz. Was kann ich für Sie tun?«

»Ferdinand, hast du dein Handy etwa schon wieder abgestellt? Ich versuche seit Stunden zu dir durchzukommen«, erklang die Stimme seiner jüngeren Schwester Philippa am anderen Ende der Leitung.

Mit leicht schlechtem Gewissen dachte Ferdinand an die möglicherweise verpassten Anrufe auf seinem Handy. Er hatte sie schlichtweg ignoriert, aufgeschoben. Er seufzte: »Es tut mir leid, Schwesterherz, ich war sehr beschäftigt. Was gibt es denn?«

Auch seine Schwester seufzte, ehe sie antwortete: »Du bist immer schwer beschäftigt, Ferdinand. Du solltest wirklich ein bisschen kürzertreten. Aber davon willst du ja nichts wissen. Nun denn. Ich rufe an, weil ich deine Hilfe brauche. Meinst du, du könntest heute Abend zum Essen kommen, und dann erzähl ich dir, um was es geht?«

Seine Augen glitten über den brechend vollen Terminkalender, der auf seinem Schreibtisch thronte, als sei er Alleinherrscher, und Ferdinand wollte bereits absagen und das Ganze am Telefon erledigen, aber dann gab er sich einen Ruck. Vor drei Wochen hatte seine Schwester Zwillinge bekommen, und er hatte es, bis auf den kurzen Besuch im Krankenhaus, noch nicht einmal geschafft, seine beiden Nichten ausführlich zu bewundern. Irgendwann musste das eh sein. Er konnte also genauso gut heute seine Termine verschieben.

»In Ordnung. Acht Uhr? Ich komme.« Ferdinand war selbst über seine Worte erstaunt, aber die müde Stimme seiner Schwester machte ihm klar, dass es wohl um etwas Wichtiges gehen musste. Er würde also hingehen. Hoffentlich war das Problem schnell lösbar!

»Wirklich? Und keine Absage in letzter Minute?« Seine Schwester klang plötzlich amüsiert.

»Nein – versprochen –, ich werde da sein.«

»Danke!«, sagte seine Schwester, und sie hörte sich erleichtert an.

Schon wenige Minuten und ein Kundengespräch später überlegte Ferdinand krampfhaft, ob er das Abendessen nicht vielleicht doch aufschieben sollte. Auf seinem Schreibtisch stapelte sich die Arbeit, und ein allzu großer Fan eines Baby-Gebrüll-Gesabber-Abends war er auch nicht. Aber dann packte ihn wieder das schlechte Gewissen. Es war wirklich nicht in Ordnung, dass er so selten Zeit für die Familie seiner Schwester fand. Obwohl sie nur zwei Häuserblocks entfernt wohnten. Er schaute sich in seinem sterilen Arbeitszimmer um. Alles hatte seinen Platz, alles hatte seine Ordnung. Nur auf seinem Schreibtisch türmten sich Papiere, die durchgesehen werden wollten. Über allem herrschte der Terminkalender.

Seit vier Jahren arbeitete er nun schon von diesem Zimmer aus, seinem Home-Office. Ursprünglich war der Gedanke an das Home-Office entstanden, weil er einen kleinen Schlaganfall erlitten hatte und die Arbeit etwas zurückschrauben wollte. Offensichtlich war ihm das aber nicht gelungen. Nicht dass es nicht möglich gewesen wäre. Es wäre ein Einfaches, eine Assistentin einzustellen oder weniger Aufträge anzunehmen. Nicht dass es für ihn finanziell notwendig gewesen wäre, so viel zu arbeiten. Nein. Ferdinand gestand es sich nicht zum ersten Mal ein: Er war und blieb ein Workaholic. Die Arbeit war sein Leben. Und deshalb war er zufrieden damit, so wie es war. Aus seiner Sicht fehlte es ihm an nichts und niemandem.

Ausnahmsweise fuhr er heute seinen Computer pünktlich um halb acht herunter und stellte sich noch schnell unter die Dusche. Dann streifte er Jeans und einen gemütlichen Pullover über und machte sich auf den Weg, nicht ohne einen letzten Blick in den kleinen Spiegel zu werfen, der über der alten Kommode im Flur hing. Ein Erbstück von seinem Großvater, an dem er irgendwie Gefallen gefunden hatte. Obwohl die Arbeit sein Leben dominierte, würde man es Ferdinand nicht ansehen. Nur für offizielle Termine warf er sich in Businesskleidung. Seit er zu Hause arbeitete, bevorzugte er die gemütlichere Variante. Der grüne Pullover passte zur Farbe seiner Augen, und nur wenn er sich selbst eine Grimasse schnitt, war sein Gesicht von Falten überzogen. Für seine fünfundvierzig Jahre sah er fit und gut aus. Er grinste sich selber an und fuhr sich durch seine halblangen Haare, die so gar nicht zu der peniblen Ordnung seines Arbeitszimmers passen wollten. Irgendwie würde man bei ihm eher einen präzisen Kurzhaarschnitt erwarten. Fast stolperte er über Sokrates, seinen Kater, als er aufbrechen wollte. Das erinnerte ihn daran, dass er dem Tier noch etwas Wasser hinstellen musste. Sokrates war die einzige Erinnerung an seinen Schlaganfall. In einem Anfall von Selbstmitleid und Rührung hatte er ihn damals in einer Zoohandlung gekauft. Nachdem er sich vorgenommen hatte, etwas kürzerzutreten, war ihm die Anschaffung einer Katze irgendwie passend vorgekommen. Jedes Mal, wenn Sokrates ihm um die Beine schlich oder er wie eben grade über ihn stolperte, fragte er sich leise fluchend, wie er auf so eine bescheuerte Idee hatte kommen können. Dennoch hing er irgendwie an dem Tier. Schließlich fiel die Haustür hinter ihm ins Schloss.

Etwas später klingelte Ferdinand an der Tür seiner Schwester. Als sie öffnete, verabschiedete sie sich gerade von einer jungen Frau. Diese war klein und blond und trug etwas unterm Arm, was bei genauerer Betrachtung wie eine Melkmaschine für ganz kleine Kühe aussah. Ferdinand wollte lieber gar nicht so genau wissen, was das war.

»Ah – Ferdinand«, begrüßte ihn seine Schwester fröhlich.

»Alexandra. Das ist mein Bruder Ferdinand«, stellte sie ihn der jungen Frau vor, deren Sommersprossen Ferdinand anzuspringen schienen und die ihn freundlich anlächelte. Wenn man sich erst mal an die Sommersprossen gewöhnt hat, dann hat sie ein richtig schönes Gesicht, dachte Ferdinand flüchtig.

»Ferdinand. Das ist Alexandra – meine treue Hebamme! Sie ist so lieb, dass sie noch zur Nachuntersuchung gekommen ist, obwohl das nicht geplant war. Jetzt geht's mit dem Stillen auch besser!«

Ferdinand hob abwehrend seine Hände und verzog sein Gesicht zu einer komischen Grimasse. »Erspart mir bitte die Details! Das klärt mal besser unter euch Frauen.«

Alexandra lachte auf und warf ihm einen frechen Blick zu. Ihr ganzes Gesicht schien von einer inneren Sonne angestrahlt zu werden, wenn sie lachte. Ohne jedoch etwas zu sagen, drehte sie sich Philippa zu und verabschiedete sich. Beim Gehen schaute sie sich noch einmal um und lächelte Ferdinand an. Aus Gründen, die er sich selbst nicht erklären konnte, machte sein Herz dabei einen kleinen Satz. Verwirrt wandte er sich ab und betrat Philippas Wohnung.

Wenig später saß er mit seiner Schwester und seinem Schwager beim Essen. Sein Neffe Felix durfte ihm noch gute Nacht sagen, bevor er ins Bett geschickt wurde. In seinem Matrosenschlafanzug war er in Windeseile in seine Arme gerannt und hatte ihn fest umarmt. Dann hatte der kleine Kerl ihm ins Ohr geflüstert: »Ich hoffe, du bist gekommen, um die Babys wieder mitzunehmen! Ich mag sie nicht.«

Verstohlen hatte er dabei zu seiner Mutter hingeschielt, ob sie auch nichts gehört hatte. Ferdinand musste lachen, packte sich den kleinen Kerl unter den Arm und brachte ihn in sein Zimmer. Das war wohl eine ziemlich normale Reaktion. Er erinnerte sich noch gut daran, als seine kleine Schwester geboren worden war und er den Umstand, nicht mehr Einzelkind im Haus zu sein, gar nicht komisch gefunden hatte. Als er ihm einen Gutenachtkuss gab und er fest in seine Decke eingewickelt dalag, meinte Felix noch einmal verschlafen: »Du nimmst sie mit, ja?«

Die Zwillinge lagen in einem Doppelkinderwagen und schliefen zufrieden. Beide waren gestillt, gewickelt und, wie Philippa mit einem müden Blick meinte, »endlich mal ruhig«. Wobei sie auch gleich schon beim Thema waren. Schließlich hatte sie ja bereits angekündigt, dass sie seine Hilfe bräuchte. Ohne große Umstände zu machen, eröffnete sie ihm, dass sie überlegt hätten, ob er sich nicht für die nächsten acht Wochen nachmittags um Felix kümmern könnte. Das Problem sei, dass sein Schwager ein Großprojekt an Land gezogen habe und die nächsten Wochen viel unterwegs sein würde und dass das Au-pair-Mädchen, das hätte kommen sollen, im letzten Moment abgesagt hätte und sie nun ohne Ersatz dastünden.

»Du weißt, dass wir dich nicht bitten würden, wenn es nicht wirklich nötig wäre …«, sagte Philippa und legte ihm bittend eine Hand auf den Arm. Ferdinands Schwager nickte nachdrücklich und schenkte ihm noch etwas Wein nach. »Ich schaffe es einfach nicht. Die Zwillinge saugen – im wahrsten Sinne des Wortes – die letzte Energie aus mir heraus, und um ehrlich zu sein, ist Felix, seitdem sie da sind, nicht wiederzuerkennen. Er ist trotzig und wütend und unausstehlich. Ich bin am Ende meiner Kräfte. Und ich weiß nicht, wen ich sonst fragen könnte.«

Felix könnte von der Schule direkt zu ihm gebracht werden. Das hatte sie mit der Mutter einer Klassenkameradin bereits abgesprochen. Den Nachmittag würde er bei ihm verbringen, und zum Abendessen könnte er ihn dann nach Hause schicken. Erwartungsvoll schauten ihn Felix' Eltern an.

Ferdinand betrachtete seine Schwester, und ihm fielen die dunklen Ringe unter ihren Augen auf. Müde sah sie aus. Und wie sie ihm dann beschrieb, wie sehr die Zwillinge sie auf Trab hielten und all ihre Aufmerksamkeit beanspruchten, hörte er ihr kaum zu. Felix am Nachmittag nehmen? Das war das Letzte, was in seine momentane Lebensphase passte. Er hatte einen Haufen Arbeit, und dass ein Achtjähriger nicht die ganze Zeit still und brav in der Ecke saß, konnte er sich lebhaft vorstellen. Die Gedanken in seinem Kopf überschlugen sich. Er mochte Felix. Aber er hatte kaum Erfahrung mit Kindern, und für gewöhnlich gingen sie ihm auch schnell auf die Nerven. Und dann gleich den ganzen Nachmittag? Für acht Wochen? Das hieß dann wohl auch bei den Hausaufgaben helfen, Mittagessen kochen, Schniefnase abwischen? Er schüttelte unwillig den Kopf, wie um seine Gedanken an den richtigen Platz zu schleudern, und ehe er sich's versah, kam ein »In Ordnung!« über seine Lippen. Es war, als hätten sich die Worte selbständig gemacht und wären ganz einfach aus seinem Mund entwischt. Ohne sein Zutun. Ohne seinen Willen. Am liebsten hätte er die zwei kleinen Wörter gepackt, wieder in seinen Mund geschoben, hätte sie zerkaut und runtergeschluckt. Aber sie waren draußen. Und sie hatten den Redefluss seiner Schwester zum Versiegen gebracht. Mit großen Augen sah sie ihn hoffnungsvoll an. »Wirklich? – Das willst du wirklich machen?«

Ihre Reaktion zeigte ihm deutlich, dass sie fest damit gerechnet hatte, mehr Überzeugungsarbeit leisten zu müssen. Sie hatte anscheinend fest angenommen, dass er sich erst einmal weigern würde, und deshalb ihre Charmeoffensive gerade erst begonnen. Und sie war von seiner Antwort ebenso erstaunt wie er selber. Ihre Reaktion rief jedoch in Ferdinand Trotz hervor. Wieso hatte sie damit gerechnet, dass er nein sagen würde? Klar konnte er helfen. Felix am Nachmittag, das war doch das geringste Problem. Er würde sich schon etwas einfallen lassen. Im Notfall engagierte er ein Mädchen, das sich um Felix kümmern würde. Alles nur eine Frage der Organisation, dachte er bei sich. Und ein bisschen gefiel er sich auch in der Rolle des gönnerhaften Familienretters. »Ja. Ich mache es. In Ordnung. Aber nur, bis ihr Ersatz für das Au-pair gefunden habt, okay?«

Beim Abschied drückte ihn seine Schwester fest an sich, und es kam eine Aneinanderreihung von »Dankesworten« aus ihrem Mund. Als die Tür schließlich hinter ihm ins Schloss fiel, musste Ferdinand an seinen Neffen denken. Was der wohl sagen würde, wenn er erfuhr, dass sein Onkel ihn beileibe nicht von den Babys befreit hatte, sondern ihn selber mitnehmen würde? Dann schob er den Gedanken beiseite. Es war Donnerstag, und erst am Montag würde Felix zum ersten Mal kommen. Bis dahin musste noch einiges erledigt werden.

Am Montag war nichts erledigt. Ferdinand hatte versucht, jemanden zum Babysitten zu organisieren, was sich als erstaunlich schwer herausgestellt hatte. Die einzige Hilfe, die er schließlich auftat, konnte nur donnerstags und freitags.

Nun gut, dachte er sich, drei Tage würde er schon schaffen. Und nächste Woche wäre schon eine Woche weiter. Schön einen Tag nach dem anderen planen. Da klingelte es bereits an der Tür.

»Hallo, ich bin die Mutter von Clara«, sagte die Frau, die Felix an der Hand hielt, als würde das alles erklären. Hinter ihrem Bein lugte ein kleines blondes Mädchen hervor. Das ist dann wohl Clara, dachte Ferdinand und wappnete sich innerlich. Wahrscheinlich die Schulfreundin, die seine Schwester erwähnt hatte.

»Herein, herein«, sagte er und täuschte Gelassenheit vor. Felix schlüpfte ohne ein Wort der Begrüßung an ihm vorbei und ließ seinen Schulranzen im Flur auf den Boden fallen. Ferdinand bedankte sich bei der Frau, die ihm noch einen Kurzvortrag über Felix' Schulaufgaben hielt und mitteilte, dass sie ihn morgen um dieselbe Zeit bringen würde. Ferdinand hörte ihr nur mit halbem Ohr zu. Er war in Gedanken noch bei dem Kunden, mit dem er sich gerade auseinandergesetzt hatte. Als er die Tür hinter sich schloss und nach Felix guckte, fand er ihn am Tisch sitzend.

»Na? War das deine Freundin, die Kleine?«, fragte er und versuchte dabei, locker zu wirken.

»Nein!«, antwortete Felix patzig. »Sie ist mein Kumpel. Und außerdem habe ich Hunger!«, sagte er, als habe das eine etwas mit dem anderen zu tun. Auffordernd schaute er seinen Onkel an.

Na prima, dachte Ferdinand. Das kann ja heiter werden.

Eine Stunde später stopfte er die Kartons vom Pizzaservice in den Mülleimer. Felix' Laune hatte sich mittlerweile sichtlich gebessert. Pizza zum Mittagessen war eine Seltenheit. Und dazu noch an die Haustür geliefert. Klasse! Mit übergeschlagenen Beinen saß er in Ferdinands Lieblingssessel, kraulte Sokrates hinterm Ohr, der es sich sofort auf seinem Schoß gemütlich gemacht hatte, und schaute den Onkel herausfordernd an. »Und was machen wir jetzt?«

»Wie, was machen wir jetzt?«, antwortete Ferdinand, der mit den wechselnden Launen seines Neffen nicht viel anzufangen wusste. »*Wir* machen jetzt gar nichts. *Du* machst jetzt Hausaufgaben!«

»Hilfst du mir?« Auffordernd hielt ihm Felix sein Schulbuch entgegen, das er in Windeseile aus seinem Schulranzen gezogen hatte. Genau so war das nicht geplant. Ferdinand hatte geargwöhnt, dass es so enden würde. Leicht entnervt half er seinem Neffen bei den Hausaufgaben, wobei er zwischendrin Anfragen von Kunden auf seinem Blackberry bearbeitete. Er merkte selbst, dass er damit beiden nicht gerecht wurde. Um Punkt sechs Uhr verpasste er seinem Neffen seinen Schulranzen und schickte ihn nach Hause. Zum Glück wohnte Felix so nah, dass er den Weg alleine finden konnte. Sobald er aus der Tür war, stürzte sich Ferdinand wieder in seine Arbeit.

Die nächsten zwei Tage verliefen nicht viel besser, und Ferdinand atmete innerlich erleichtert auf, als am Donnerstag ein junges Mädchen namens Ella vor seiner Tür stand und sich als die Hilfe für den Nachmittag vorstellte.

Ella und Felix verstanden sich vom Fleck weg. Die schlanke, hübsche Studentin konzentrierte sich vollkommen auf den Kleinen, und schon bald saßen sie über seinen Hausaufgaben. Ferdinands Arbeit wurde nur ab und zu von lautem Gelächter unterbrochen. Geht doch!, dachte er zufrieden. Alles eine Frage der Organisation.

Am späten Nachmittag klingelte es unerwartet an der Tür.

»Oh!«, rief Ella vom Esstisch. »Das ist sicher Alexandra. Sie wollte mich abholen.«

Alexandra? Ein sommersprossiges Gesicht blitzte vor seinem inneren Auge auf. Ferdinand ging zur Tür, um zu öffnen, und tatsächlich lachte ihn genau dieses sommersprossige Gesicht an, als die Tür aufschwang. Die Welt ist doch klein, dachte Ferdinand, als er Alexandras Augen erstaunt aufleuchten sah.

»Hi«, kam es etwas unbeholfen über seine Lippen.

»Hi«, antwortete Alexandra und schielte über seine Schulter. »Äh – ist Ella hier? Wir sind verabredet. Ich … ich wollte sie abholen.«

Aus unerfindlichen Gründen errötete sie, und auch Ferdinand wusste nicht genau, wohin er gucken sollte.

Am nächsten Montag war er wieder auf sich allein gestellt. Der Tag verlief eher schlecht als recht, und der Dienstagnachmittag versprach auch nicht gerade entspannter zu werden. Felix, der bereits mit schlechter Laune aus der Schule gekommen war, saß mit verschränkten Armen in der Ecke des Zimmers und sah ihn wütend an. Er wollte seine Hausaufgaben nicht machen und hatte auch auf sonst nichts Lust. Er schmollte und trat mit dem Fuß gegen das Tischbein.

»Du verstehst ja gar nichts!«, hatte er ihm gerade an den Kopf geknallt, als Ferdinand wissen wollte, was eigentlich los sei. Jetzt kaute er auf seiner Unterlippe herum, und man sah deutlich, dass er mit den Tränen kämpfte. Ferdinand ging quer durchs Zimmer und hockte sich vor seinen Neffen, um ihm direkt in die Augen schauen zu können. »Was ist denn los, Felix? Willst du es mir nicht sagen? Was in der Schule? Ärger mit deinen Schulkameraden?«

Unwillig schüttelte Felix den Kopf und wich seinem Blick aus. Dann sprang der Dreikäsehoch plötzlich auf und schob Ferdinand zur Seite, der so perplex war, dass er auf dem Hosenboden landete. Felix wischte mit einem wütenden Aufheulen einen Stapel Akten von Ferdinands Schreibtisch. Der Terminkalender segelte wie ein geputschter Diktator zu Boden und blieb vorwurfsvoll aufgeschlagen liegen, als sei ihm ein Unrecht geschehen. Völlig fassungslos über die kleine Explosion, wusste Ferdinand nicht recht, wie er reagieren sollte. Kinder waren einfach fremdes Terrain für ihn. Wütende Kinder außerirdisch. Er war schon genervt, seit Felix die Wohnung betreten hatte, weil er selbst Probleme mit einem Kunden hatte und sich nicht darum kümmern konnte. Jetzt riss ihm endgültig der Geduldsfaden. »Jetzt ist aber Schluss!«

Er packte sich Felix, der sich zornig zur Wehr zu setzen versuchte, unter den Arm und setzte ihn mit einem heftigen Schwung in den Sessel. Mit beiden Händen hielt er ihn an den Schultern fest und sah ihm streng in die Augen. »Das reicht jetzt, junger Mann. Raus jetzt mit der Sprache. Was um Himmels willen ist los! Du bist schlecht gelaunt, seit du hier bist. Okay. Ich kann verstehen, wenn es für dich nicht das Schönste ist, bei deinem Onkel rumhängen zu müssen. Das ist aber kein Grund, sich so aufzuführen.«

Erschrocken über seinen eigenen heftigen Ton, setzte er versöhnlich hinzu: »Du kannst mir alles sagen. Das weißt du doch, oder?«

Die Kinderaugen füllten sich schlagartig mit dicken Tränen, was Ferdinand völlig außer Gefecht setzte. Kindertränen. Kindertrauer. Das war zu viel für ihn. Seine Ungeduld löste sich mit einem Schlag in Luft auf. Behutsam nahm er den Achtjährigen hoch und setzte ihn sich auf den Schoß. Fragend sah er ihn an.

»Ich ... ich ... ich will nach Hause. Ich will zu meiner Mami. Ich hasse die Zwillinge. Meine Mami mag nur noch sie, und mich wollen meine Eltern gar nicht mehr haben. Deswegen bin ich doch hier. Und du willst mich doch auch nicht wirklich! Immer bist du am Telefon und hast anderes zu tun. Keiner will mich. Ich merke das doch; ich bin schließlich nicht blöd.«

Felix zog laut die Nase hoch und wischte sich die Tränen von den Wangen. Der Zorn war aus seinem Gesicht verschwunden. Jetzt war da nur noch hilflose Trauer. Und echter Schmerz, wie Ferdinand bewusst wurde. Er strich dem Kleinen über den Kopf und suchte nach Worten. »Ach, Felix, das ist doch nicht wahr. Deine Mami liebt dich! Ganz bestimmt. Die Zwillinge sind nur im Moment sehr anstrengend, und sie braucht jede Hilfe, die sie bekommen kann. Verstehst du das? Sie würde dich am liebsten den ganzen Tag zu Hause haben, aber dazu musst du ihr vielleicht auch ein bisschen helfen. Was meinst du, wir überlegen uns einen Plan, wie wir deiner Mami helfen können, und dann kannst du auch bald wieder ganz nach Hause!? Ja?«

Zweifelnd sah ihn Felix an. Aber es spiegelte sich auch ein Hoffnungsschimmer in seinen Augen.

»Hör mal – habe ich dich jemals angelogen?!«

Felix schüttelte vorsichtig den Kopf.

»Na siehst du. Wenn ich dir sage, dass deine Mami dich ganz doll liebhat, dann stimmt das auch!«

Wieder zog Felix geräuschvoll die Nase hoch, aber die Tränen waren versiegt.

»Wirklich?«, klang es ganz leise aus seinem Mund.

»Wirklich!«, antwortete Ferdinand. Er war erstaunt, mit welchem Vertrauen Felix seine Antwort einfach annahm. Seine Trauer war wie weggeblasen, und er wirkte getröstet. Bei Kindern ist das noch so einfach, dachte Ferdinand und schüttelte verdutzt den Kopf. Als Felix wenig später über seinen Schulaufgaben saß, machte sich Ferdinand daran, das Chaos aufzuräumen, das der Kleine veranstaltet hatte. Dabei fiel ihm ein *Post-it* in die Hände, das sich unter dem Papierstapel befunden haben musste. Darauf stand in seiner eigenen Handschrift:

*Heute ist der erste Tag vom Rest meines Lebens. Jeder
weitere ist ein Geschenk. Nutze diese Chance!*

Verwundert drehte er den kleinen Zettel in seinen Händen.
Hatte er das tatsächlich selbst geschrieben? Das musste schon
eine ganze Weile her sein. Dann erinnerte er sich. Tatsächlich. Es war nach seinem Schlaganfall gewesen. Nachdenklich kratzte er sich am Hinterkopf. War das damals eine Entscheidung gewesen, die er hatte umsetzen wollen? Wie der
Zettel unter dem Papierstapel war dieses Vorhaben in den
letzten Jahren unter ständig neuen beruflichen Entwicklungen vergraben worden. Entschlossen nahm Ferdinand ein
Stück Tesafilm und klebte die Notiz am oberen Bildschirmrand seines Computers fest. Direkt ins Blickfeld. Es wurde
höchste Zeit, etwas zu ändern. Dann hob er den Terminkalender auf und stellte ihn auf den Schreibtisch. Kurz zögerte
er, schließlich legte er ihn mit einer entschiedenen Geste in
die Schublade. Ihm war bewusst, wie kindisch das war und
dass davon keine Veränderung ausgehen würde. Aber vielleicht war es ein Anfang. Mit einem Gefühl selten erlebter
Entschlossenheit schob er die Schublade zu. Wenn nicht
heute mit der Veränderung anfangen, wann dann?

Als er Felix fragte, ob er Lust hätte, mit ihm ein Eis essen
zu gehen, erntete er spontanen Jubel. Das Gefühl, das sich in
ihm ausbreitete, als er mit dem aufgeregten Neffen zur Eisdiele wanderte, war ungewohnt, aber gut. Danach begleitete
er Felix nach Hause, um mit seiner Schwester Philippa zu
sprechen.

Oktober

ODER

»Fressen und fressen

Lassen.«

Selig hielt Felix die Schnüre seines Drachens stramm, der in der Luft umherwirbelte. Felix war ganz konzentriert bei der Sache und ließ langsam etwas Schnur nach, damit der bunte Papierdrachen noch höher flog. Fünf Versuche hatte es Felix gekostet, das Ding in die Luft zu bekommen. Gestern hatten sie ihn zu zweit gebastelt, und mit Filzstift hatte er große, gefährlich aussehende Augen draufgemalt. Die waren jetzt nur noch als ganz kleine Punkte zu erkennen. Seine Wangen waren gerötet vom vielen Rennen, und er hatte seine Mütze verloren. Er hielt die Kordel in der Hand, und Onkel Ferdinand hatte den Drachen mit Schwung in die Luft geworfen. So schnell seine kurzen Beine ihn trugen, war Felix übers Feld gerannt. Viermal war es misslungen, und der Drache hüpfte nur unbeholfen hinter ihm über die Stoppeln. Zum Glück war er nicht kaputtgegangen. Dann endlich hatte es geklappt. Eine Windböe packte den Drachen und ließ ihn hoch in die Luft steigen. Beinahe hätte Felix dabei die Kordel verloren, weil es so einen Ruck gab. Aber er hatte sie festgehalten, und der Drache flog. Und wie er flog. Onkel Ferdinand stand hinter ihm und gab ihm Tipps. Voller Begeisterung ließ Felix seinen Drachen einen Looping fliegen. Mit stolzgeschwellter Brust schaute er zu seinem Onkel hoch. Das Leben konnte sooo schön sein!

Seit Felix' Wutausbruch letzte Woche hatte Onkel Ferdinand jeden Nachmittag etwas mit ihm unternommen. Dass sein Onkel sehr viel arbeiten musste, war Felix klar. Also hatten sie einen Deal gemacht. Wenn er seine Hausaufgaben schnell und ordentlich erledigen würde, dann würden sie anschließend etwas zusammen unternehmen. Eine Stunde, nur sie beide allein. Nach seinem Ausbruch hatte sich irgendetwas an seinem Onkel verändert. Felix wusste nicht, was es war, aber die Veränderung gefiel ihm. Der Onkel hatte ihn an dem Tag nach Hause gebracht, und Felix hatte schon Angst, er würde nun seiner Mutter erzählen, wie schlimm er gewesen war. Onkel Ferdinand sprach den ganzen Abend intensiv mit seiner Mutter. Was auch immer die Erwachsenen besprochen hatten, es musste was Gutes gewesen sein, denn am nächsten Tag hatte seine Mutter ihm erlaubt, Nutella auf sein Pausenbrot zu schmieren, und dann hatte sie ihn mit den Zwillingen in die Schule gebracht. Es war nicht so, dass er die Zwillinge plötzlich mochte. Nein. Er fand immer noch, dass die ihm zu viel von seiner Mami wegnahmen. Aber er war sich jetzt immerhin sicher, dass seine Mama ihn nicht loswerden wollte. Onkel Ferdinand log nicht. Er hatte ja auch sein Versprechen eingelöst und jeden Tag etwas mit ihm unternommen. Als schwarze Regenwolken am Horizont aufzogen und der Oktoberwind immer stärker blies, war es Zeit, einzupacken. Vorsichtig zog Felix die Schnur des Drachens ein. Beinahe ging alles gut, aber dann flog der bunte Drachen einen scharfen Bogen, fiel senkrecht vom Himmel und krachte nur einige Meter von ihnen entfernt aufs Feld. Felix sauste erschrocken los, um nachzusehen, ob noch alles heil war, als schon die ersten Regentropfen sein Gesicht berührten.

»Auf geht's, schnell!«, rief Onkel Ferdinand. Es blieb Felix keine Zeit mehr, den Drachen genauer zu inspizieren. Er klemmte ihn unter den Arm und folgte seinem Onkel im Laufschritt zum Auto.

Am folgenden Morgen saß Felix beinebaumelnd neben Clara auf dem Schulhof und erzählte ihr vom gestrigen Ausflug. Clara war seine beste Freundin. Das war klar. Aber heute hörte sie ihm gar nicht richtig zu. Sie wollte nur wissen, wann sie die Babys einmal sehen durfte. Typisch Mädchen, dachte Felix. Er hatte keine Lust, Clara die Zwillinge zu zeigen. Er wollte sich gar nicht mit ihnen beschäftigen. Und er befürchtete, dass die Babys ihm jetzt auch noch seine beste Freundin wegnehmen könnten. Deswegen hatte er Claras wiederholte Fragen nach den Babys einfach abgeblockt. In einem plötzlichen Anfall von Unmut schnappte er sich das kleine braune Buch, das Clara seit Wochen immer mit sich herumschleppte, und lief davon. Triumphierend wedelte er damit in der Luft herum und hüpfte vor Freude, als sie schreiend die Verfolgung aufnahm. Leider war Clara nicht einfach nur ein Mädchen, sondern sogar ein ziemlich schnelles, das dem Raufen keineswegs abgeneigt war. Darum hatte sie ihn ziemlich rasch eingeholt und warf sich auf ihn.

»Gib es her, Felix. Das gehört mir. Gib es sofort wieder her!«

Felix dachte gar nicht dran und wölbte sich zu einer Kugel, das Tagebuch in der Mitte. Clara hämmerte auf ihn ein und versuchte, an das Buch zu gelangen. Soll sie doch zetern, dachte Felix und ließ sich davon nicht beeindrucken. Und überhaupt. Was war an dem blöden Buch schon so wichtig? Bücher und Babys. Mehr hatte Clara in den letzten Wochen nicht im Kopf. Ständig schrieb sie etwas in das kleine Buch, und ständig nörgelte sie, dass sie die Zwillinge besuchen möchte. Geschieht ihr recht, dachte er, löste sich von seiner furiosen Freundin und warf das Buch in einem hohen Bogen über den Zaun. Siegesgewiss drehte er sich zu ihr um, aber schon rührte sich sein schlechtes Gewissen, als er das Buch aus den Augenwinkeln im dichten Gestrüpp verschwinden sah. Clara hörte schlagartig auf, an ihm zu zerren, starrte ihn mit großen Augen an und brach in Tränen aus.

»Du bist so gemein. Ich hasse dich!«, presste sie wütend hervor, bevor sie sich umdrehte und ins Schulgebäude lief.

Ernüchtert und plötzlich gar nicht mehr zum Ärgern aufgelegt blickte Felix ihr nach. Oje. Das hatte er nicht gewollt. Reumütig starrte Felix auf den hohen Zaun und das Gebüsch dahinter. Von dem Buch war nichts zu sehen.

Als Felix nach der Schule wieder bei Onkel Ferdinand ankam, erwartete ihn Ella, die gerade Fischstäbchen aus dem Ofen zauberte und Kartoffelbrei auf den Tisch stellte. Felix mochte Ella. Sie war wirklich nett, und er schaute sie gerne an. Außerdem hörte sie ihm immer ganz genau zu und drückte hin und wieder auch mal ein Auge zu, wenn es mit den Hausaufgaben nicht richtig klappen wollte. Gleich beim ersten Mal, als sie da war, hatte sie gesagt: »Hausaufgaben sind völlig überbewertet. Aber das bleibt unter uns, versprochen?«

Dabei zwinkerte sie ihm zu und tat ganz geheimnisvoll. Da musste Felix so lachen, dass ihm der Bauch weh tat. Ja! Ella war in Ordnung.

Und weil Ella in Ordnung war, erzählte Felix ihr heute von Clara. Felix war nach der Schule über den Zaun geklettert und hatte nach Claras Tagebuch gesucht. Er musste sich dafür durch dichtes Geäst kämpfen und hatte seine Hose dabei am Knie zerrissen. Aber er hatte es schließlich gefunden. Als er es Clara allerdings zurückgeben wollte, war sie bereits weg. Während der letzten beiden Schulstunden hatte sie kein Wort mehr mit ihm gewechselt. Das war ihm noch nie passiert, und er war traurig darüber.

»Du warst doch auch mal ein Mädchen, oder?«, fragte er Ella hoffnungsvoll. Wenn es so war, konnte sie ihm bestimmt helfen. Er verstand zwar nicht, warum sie das schon wieder zum Lachen brachte, aber dann schaute Ella ganz ernst und nickte. »Ja, ich weiß, es ist blöd, wenn man sich gestritten hat. Aber ich wette, Clara ist genauso traurig darüber wie du. Wart's ab, wenn du dich morgen bei ihr entschuldigst, dann wird sie wieder ganz die Alte sein.«

Irgendwie hatte Felix den Verdacht, dass es nicht ganz so einfach sein würde.

»Weißt du«, setzte Ella da fort. »Ich habe auch einen Freund. Nur ist es da andersherum. Ich bin dafür verantwortlich, dass er ganz traurig ist, und ich kann mich nicht entschuldigen, weil er im Moment ganz weit weg ist. Sei froh, dass du Clara jeden Tag siehst. Da kann man vieles bereinigen.«

Sie seufzte, und ein Schatten der Traurigkeit huschte über ihr Gesicht. Dieser Schatten war Felix schon früher aufgefallen. Dann sahen ihre Augen kurz aus, als schauten sie nach innen und nicht nach außen.

»Kannst du ihn nicht anrufen? Deinen Freund?«, versuchte Felix etwas zu finden, was den Schatten vertreiben sollte.

Ella lächelte ihn an: »Das ist nicht so einfach. Manche Dinge kann man nicht am Telefon sagen, weißt du!«

Aber dann lenkte Ella das Gespräch wieder auf Clara. »Also. Zurück zu Clara. Sie ist ja nicht in Amerika, sondern du siehst sie morgen wieder. Du könntest dir was ausdenken, was sie echt freuen würde, und es ihr mitbringen als Versöhnungsgeschenk. Mädchen mögen so was. Hand aufs Herz. Was meinst du?« Felix nickte ernsthaft und fragte sich, was er wohl Clara mitbringen könnte. Wenn Ella sagte, dass Mädchen so was mögen, dann stimmte das auch. Sie musste es ja wissen. Sie war ja auch mal ein Mädchen gewesen.

Später am Nachmittag reparierten Onkel Ferdinand und Felix den Drachen. Ella war wieder von ihrer Freundin, die auch Mamis Hebamme war, abgeholt worden. Felix fand, dass Onkel Ferdinand sich irgendwie komisch verhielt, wenn Ellas Freundin an der Tür stand. Er schaute sie ganz anders an als Ella. Dabei fand Felix, dass Ella viel schöner anzuschauen war. Als er Ella darauf ansprach, musste sie schmunzeln und meinte: »Vielleicht mag dein Onkel meine Freundin ja …«

»Mag er dich denn nicht?«, hatte Felix verwirrt geantwortet. Ella streichelte ihm mit der Hand über den Kopf, schaute amüsiert und meinte: »Doch. Er mag mich auch. Aber eben anders.«

Felix beschloss, das Thema nicht weiterzuverfolgen. Es klang sehr nach etwas, was nur Erwachsene wirklich verstehen können, also brauchte er sich jetzt noch nicht damit aufhalten. Vielleicht war es ein bisschen so wie mit Clara? Bei dem Gedanken huschte sein Blick zu dem Tagebuch neben seinem Schulranzen bei der Haustür, und wieder meldete sich sein Gewissen. Aber schließlich widmete er sich voll und ganz dem Drachen, und Claras vorwurfsvoller Blick verschwand hinter Leim, Holz und Schnur. Die mittlere Strebe des Drachens war gebrochen, aber das ließ sich richten. Onkel Ferdinand war nicht ganz bei der Sache, weil er ständig Anrufe bekam, aber das fand Felix in Ordnung. Der Bub war ganz konzentriert bei der Arbeit, da klingelte es an der Tür. Als Onkel Ferdinand verwundert öffnete, stand Felix' Mutter davor.

»Oh nein … ich will noch nicht nach Hause«, maulte er. »Wir müssen den Drachen noch fertig reparieren.«

Seine Mutter wuchtete mit einem angestrengten Stöhnen die Tragetaschen mit den Zwillingen auf den Tisch. Nachlässig strich sie ihm über den Kopf. »Keine Sorge. Ich wollte euch nur bitten, kurz auf die Zwillinge aufzupassen. Ich muss zum Arzt. Es dauert nur eine Stunde. Dann bin ich wieder da. Geht das, Ferdinand? Ihr seid doch eh hier, oder? Der Arzt ist um die Ecke, und es geht um einiges schneller, wenn ich die Kleinen hier kurz parken könnte. Sie sind gewickelt und gefüttert und werden bestimmt keinen Mucks machen!«

»Danke!«, fügte sie noch hinzu, drückte Onkel Ferdinand einen Kuss auf die Wange und war wieder aus der Tür, bevor der auch nur ein Wort der Erwiderung über die Lippen bringen konnte. Onkel Ferdinand schüttelte völlig über-rumpelt den Kopf und starrte auf die Tür. »Frauen sind un-berechenbare Wesen«, murmelte er verwundert und warf seinem Neffen einen verschwörerischen Blick zu. Felix tat es ihm gleich, indem er seine besorgte Miene nachahmte und auch den Kopf schüttelte. So was Blödes, dachte er bei sich. Die Zwillinge machen immer alles kaputt. Jetzt wollen sie auch noch meinen Onkel Ferdinand haben. Er würdigte die Tragetaschen mit den Babys keines Blickes, nahm seinen Onkel bei der Hand und zog ihn zurück zu dem Drachen, der auf dem Boden liegend auf seine Heilung wartete.

Da klingelte das Telefon. Felix wusste bereits, dass er nicht stören durfte, wenn ein Kunde seinen Onkel anrief. Resig-niert nickte er, als Onkel Ferdinand ihn ansah und sagte: »Das ist jetzt wichtig. Also mach schon mal mit dem Dra-chen weiter. Und kein Lärm, in Ordnung?«

Dann zog er seine Bürotür hinter sich zu.

Plötzlich wütend, verpasste Felix dem Drachen einen Tritt. Na toll! Dann setzte er sich mit dem Rücken an die Wand und kaute beleidigt auf seiner Unterlippe.

Felix beobachtete Sokrates, der neugierig auf den Tisch sprang und in die Tragetaschen der Zwillinge schaute. Hof-fentlich frisst er sie auf, dachte er sich. Dann bin ich sie endlich los! Er grinste bei der Vorstellung, wie der riesige Kater die Zwillinge einfach verschluckte. Wie in der Bibel, als der Wal Noah verschluckte. Nur, dass Felix es besser fän-de, wenn der Kater sie nie wieder ausspucken würde. Und wenn doch, dann irgendwo ganz, ganz weit weg. Der Kater schnupperte an einer Tragetasche, und weil er offensichtlich nicht befriedigt war, machte er einen Satz auf die kleine Daunendecke, die über das linke Baby gebreitet war. Er-schrocken wachte das kleine Mädchen aus seinem Schlum-mer auf und begann zu schreien.

Felix blieb fast das Herz in der Brust stehen, als er das dünne Weinen hörte und den Kater ansah, der nun, ebenfalls erschrocken, einen Buckel machte und erbost fauchte. Es war, als habe sich sein geheimer böser Gedanke selbständig gemacht und würde gerade vor seinen Augen Wirklichkeit. Oh nein. Bitte nicht. So hatte er das nicht gemeint. Sokrates sollte die Zwillinge nicht fressen. Doch nicht in echt. Plötzlich durchfuhr Felix heiße Angst. Können Katzen Babys fressen? Was würde Mami sagen, wenn sie wiederkäme und die Babys nicht mehr da wären? Oder tot? Weil der Kater sie gebissen hatte? Dann würde sie ihn hassen und nie wieder sehen wollen, weil er zugesehen hatte, wie seine kleinen Schwestern gefressen wurden. Das wollte er nicht.

In plötzlicher Panik sprang Felix vom Boden auf und kletterte über den Stuhl auf den Tisch. Er stieß sich bei der hastigen Bewegung das Scheinbein schmerzhaft an, achtete aber nicht darauf. Der Kater fauchte immer noch, und es schien Felix, als fahre er bereits seine Krallen aus, um das Baby zu zerfetzen. Bitte, lieber Gott, bitte nicht. Ohne zu zögern, packte er Sokrates, der böse zischte, am Nacken und schmiss ihn in einem Schwung vom Tisch. Elegant landete der Kater auf seinen Pfoten und verzog sich beleidigt auf einen Sessel.

Felix warf dem Kater noch einen strafenden Blick hinterher und schaute dann besorgt in die Tragetasche, aus der mittlerweile entrüstetes Brüllen erklang. Kann man an einem Schreck sterben? Seine kleine Schwester hatte schon einen ganz roten Kopf bekommen, so sehr schrie sie. Felix musste sich gegen die Vorstellung wehren, dass das Köpfchen einfach zerplatzen könnte. Auch das andere Baby begann sich langsam zu regen, geweckt vom Geschrei seiner Schwester. Vorsichtig streckte Felix eine Hand aus und suchte nach dem Schnuller. Er hatte schon mehrfach beobachtet, wie seine Mutter die Kleinen zum Schweigen gebracht hat, indem sie ihnen den Schnuller in den Mund gesteckt hatte. Schließlich fand er ihn und steckte ihn unbeholfen in das aufgerissene Mündchen. Und tatsächlich. Das Wunder geschah. Beruhigt durch das vertraute Gefühl begann die Kleine sofort zu saugen, und das Brüllen verstummte schlagartig. Mit großen Augen schaute sie zu Felix auf. Dann streckte sie eine kleine rosa Hand aus und schloss sie fest um seinen Daumen.

»Ja – keine Angst. Ich beschütze dich!«, flüsterte Felix ihr zu. »Die Katze tut dir nichts, weißt du? Sie ist eigentlich ganz lieb.«

Verwundert betrachtete er die winzige Hand, die sich fest an seinen Finger klammerte. Das fühlte sich für ihn ganz komisch an. Irgendwie warm. Und es machte ihn ein wenig stolz. Dann warf er einen Blick in die andere Tasche. Auch von dort blickten ihn zwei große Babyaugen vertrauensvoll an. »Das sind meine kleinen Schwestern«, dachte er. »Sie sind so klein, dass sie sich selbst nicht helfen können.« Wäre er nicht da gewesen, hätte Sokrates sie bestimmt gefressen. Ganz bestimmt. Er hatte sie gerettet. Und das fühlte sich ganz schön gut an. Zum ersten Mal wurde ihm bewusst, dass er ein großer Bruder war. Und dass er für diese kleinen Wesen Verantwortung trug. Und er begann zu ahnen, dass das vielleicht gar nicht so schlimm wäre.

Am nächsten Morgen flitzte Felix als Letzter in die Klasse, da kündigte der Gong bereits den Beginn der Stunde an. Scheu schielte er zu Clara rüber, die neben ihm saß, ihn aber seit dem gestrigen Vorfall keines Blickes würdigte. Er beugte sich nach unten und wühlte das braune Büchlein aus seiner Schultasche hervor. »Entschuldigung!«, flüsterte er und schob es zu ihr rüber. Dann brachte er sein ultimatives Versöhnungsangebot hervor:»Wenn du willst, kannst du heute Nachmittag zu uns kommen und die Zwillinge anschauen. Mami hat es erlaubt.«

Clara sah ihn an und zog das Tagebuch zu sich rüber. Dann guckte sie wieder freundlich und feixte ihn zufrieden an. Erleichtert nahm Felix das zur Kenntnis. Aber eines musste er noch loswerden:»Du hasst mich doch nicht wirklich, oder?«, flüsterte er.

Clara kicherte und schüttelte dann nachdrücklich den Kopf.»Das habe ich nur so gesagt.Weil ich so wütend war!«

Felix fiel ein Stein vom Herzen. Da rief der Lehrer die beiden zur Ordnung, und sie versuchten sich auf das Unterrichtsgeschehen zu konzentrieren. Aber Felix brannte da noch etwas anderes auf dem Herzen.

»Clara …«, flüsterte er wieder und stupste sie vorsichtig mit dem Ellbogen an. Sie beugte sich zu ihm rüber, damit der Lehrer das Geflüster nicht mitbekam.»Was denn?«

»Ich glaube nicht, dass Jesus dir böse ist, weil du ihn fast fallen gelassen hast.«

Ihre Augen weiteten sich erschrocken, und plötzlich wurde Felix bewusst, dass er das vielleicht gar nicht hätte lesen dürfen. Schließlich war ein Tagebuch ja irgendwie etwas Geheimes. In Claras Augen sammelten sich schon wieder Tränen, aber sie schluckte sie runter und erwiderte nichts.

»Wenn ihr zwei jetzt nicht gleich ruhig seid, dann setze ich euch auseinander!«, tönte es vom Lehrerpult.

Mist, Mist, Mist! Jetzt habe ich schon wieder Mist gebaut, dachte Felix verdrossen. Irgendwie lief heute aber auch nichts nach Plan. Eben erst hatte er die dumme Sache mit den Babys geradegebogen, und jetzt das. Er wollte Clara ja nur helfen, weil er nicht wollte, dass sie traurig war. Onkel Ferdinand hatte vollkommen recht:»Mädchen waren undurchschaubare Wesen!«

November

ODER

»Wenn Menschen sich zu Paaren binden, sie oft vergessen, sich zu finden.«

Sarah sah ihre Freundin an, die sie nun seit über dreißig Jahren kannte und schätzte. Ihr Herz jubelte vor Freude über den Anblick, der sich ihr bot. Eine Braut, strahlend und schön. Dann beugte sie sich nach vorne und richtete Annemaries Schleier gerade. In wenigen Minuten war es so weit. Josef stand neben Annemarie und richtete sich ganz gerade auf, aber selbst dann überragte ihn seine Tochter um fast einen ganzen Kopf. Er sah alt und gebeugt aus. Sehr alt. Aber die Freude über das heutige Ereignis stand ihm deutlich ins Gesicht geschrieben. Annemarie hatte ihren Arm bei ihm eingehakt und wartete geduldig auf den Priester, der sie an der Eingangstür der Kirche abholen würde. Es war kalt an diesem Novembermorgen, aber die Braut schien das nicht zu bemerken. Sarah hingegen fröstelte es, und während sie sich in die Hände blies, um sie zu wärmen, betrachtete sie Vater und Tochter von der Seite.

Wer hätte je gedacht, dass Josef seine Tochter eines Tages zum Altar führen würde? Schön sah sie aus in ihrem weißen Kleid und mit dem Schleier, der ihre Haare bedeckte. Ihre Wangen glühten in stiller Freude, und ihre Augen waren auf den Altar gerichtet. Sarah folgte ihrem Blick und sah Karl, der mit dem Rücken zu ihnen dort stand und wartete. Diese beiden Männer: der Vater an ihrer Seite und der künftige Ehemann vorne in der Kirche. Es erstaunte Sarah immer wieder, wie beide plötzlich wieder in das Leben ihrer Freundin getreten waren.

Sarah schüttelte den Kopf und musste an die Männer in ihrem Leben denken. An ihren Mann Heinrich. Ihre drei mittlerweile schon großen Söhne. Alle vier saßen, gemeinsam mit Serena, in einer der vorderen Kirchenbänke.

»Was ist?«, fragte Annemarie, der die Bewegung nicht entgangen war.

Sarah lächelte ihrer Freundin zu. »Nichts. Nur ein paar Gedanken, die mir durch den Kopf gegangen sind. Nichts, was dich jetzt beschäftigen sollte. Heute ist dein großer Tag.«

Annemaries Blick wurde durchdringend. »Sag schon. Du bist meine beste Freundin. Gib mir was mit auf den Weg. Was sind deine Gedanken?«

Sarah nickte, und ihre Augen schwammen in Tränen. Dann umarmte sie Annemarie plötzlich heftig, wobei sie ihr beinahe den Schleier vom Kopf riss. »Ich bin wahnsinnig stolz auf dich, weißt du das? Du bist die stärkste Frau, die ich kenne, und es ist mir eine Ehre, dich auf deinem Weg begleiten zu dürfen. Karl kann froh sein, dass er dich bekommt!«

Die Orgel erklang feierlich, und Pater Kilian trat mit den Ministranten zum Portal, um Annemarie abzuholen. Sarah strich noch ein letztes Mal die Schleppe glatt und huschte dann unauffällig auf ihren Platz, nicht ohne Annemarie noch ein Kreuzzeichen auf die Stirn gegeben zu haben. Ihr Mann rückte ein bisschen zur Seite, so dass sie neben ihm Platz fand, und griff nach ihrer Hand. Gerührt und dankbar erwiderte Sarah seinen Händedruck. Es war keine Selbstverständlichkeit, dass sie hier zusammensaßen. Als Karl und Annemarie sich das Jawort gaben, schweiften Sarahs Gedanken zu ihrer eigenen Hochzeit zurück.

Die Umstände waren nicht die besten gewesen, als Sarah damals mit ihrem ältesten Sohn schwanger war. Die Hochzeit hatte überstürzt stattgefunden, und wenn Sarah ehrlich war, dann hatte sie nur noch sehr verschwommene Erinnerungen daran. Heinrich und sie kannten sich aus Schulzeiten und waren miteinander ausgegangen, bis Sarah feststellte, dass ihre Periode ausblieb. Es war für sie beide ein Schock, aber Heinrich hatte, ohne zu zögern, um ihre Hand angehalten. Damals war sie nur erleichtert und froh darüber gewesen, ohne sich groß Gedanken zu machen. Trotz der überstürzten Hochzeit war ihre Ehe nicht schlecht gewesen. Nein. Das konnte man wirklich nicht behaupten. Heinrich war ein guter und gewissenhafter Mann. Dennoch war es irgendwann, irgendwie schiefgelaufen.

Die drei Jungs, die kurz hintereinander geboren worden waren, hatten ihre junge Ehe schwer belastet. Sosehr sie ihre Söhne liebte, die drei Buben waren wahrlich keine Engel. Besonders ihr Ältester hatte die Geduld seiner Eltern des Öfteren stark auf die Probe gestellt. Sarah hatte, als sie schwanger wurde, noch nicht begonnen zu arbeiten. Mit den Jahren wurde das für sie immer mehr zum Thema. Sie war gerne Mutter. Aber immer als Hausfrau und Mutter abgestempelt zu werden, ging ihr auf die Dauer gehörig auf die Nerven. Mehr noch: Es nagte an ihrem Selbstwertgefühl und nährte ihre Sehnsucht auszubrechen. Sie empfand es als ungerecht, wie wenig Anerkennung eine Mutter von drei Kindern bekam. Für alles war sie verantwortlich. Um alles musste sie sich kümmern: Kindergarten, Schule, Hausaufgaben, erster Liebeskummer, Pubertätsausbrüche. Dann natürlich der Haushalt. Einkaufen, waschen, putzen, Garten usw. Gerade in den ersten Jahren ihrer Ehe hatte das Geld nicht gereicht, um eine Hilfe einzustellen. Ganz zu schweigen von Urlaub am Meer oder in den Bergen. Es hatte Zeiten gegeben, da hatte sie sich wie eine Maschine gefühlt. In ewiger Routine täglich dieselbe Leier. In guten Zeiten hatte sie immer lachend erzählt, sie führe ein »kleines Familienunternehmen«, wenn jemand sie fragte, was sie arbeite. In schlechten hätte sie sich am liebsten tagelang nur in ihrem Bett verkrochen, um einfach mal zu schlafen. Das kam natürlich nicht in Frage.

Heinrich war ihr in diesen Jahren keine große Hilfe gewesen. Auf der einen Seite musste er hart arbeiten, um sie alle zu ernähren, auf der anderen Seite fehlten ihm nach einem langen Arbeitstag schlichtweg die Geduld und das offene Ohr für ihre Alltagsprobleme. Viel Zeit für Zweisamkeit war da nicht geblieben. Auch im Bett kam keine Freude mehr auf, was für sie beide zunehmend frustrierend war. Sarah vermisste besonders das Gespräch. Wenn sie sprachen, bewegte es sich mehr und mehr auf der Oberfläche, und schließlich drehte es sich um kaum mehr als die Kinder und Probleme, die es zu lösen galt. Ihre Ehe befand sich auf einer Talfahrt, die immer schneller zu werden schien. Unaufhaltsam dem Ende entgegen. Sie und Heinrich befanden sich auf zwei Gleisen, die zwar nebeneinander herliefen, jedoch kaum Berührungspunkte hatten. Dann, ganz plötzlich, drohte es vollständig auseinanderzulaufen. Obgleich Heinrich und sie willens gewesen waren, es zu schaffen, waren sie doch dabei zu scheitern.

Sarah erinnerte sich noch genau an den Tag vor zehn Jahren, als Heinrich ihr erklärte, dass ihre Ehe zu Ende sei und sie etwas unternehmen müssten, wenn sie noch eine Chance haben wollten. Er könne nicht mehr. Nein, er hatte keine andere. Das hätte auch nicht zu ihm gepasst. Aber er konnte einfach nicht mehr. Er sagte, er könne sie nicht mehr »sehen«, in ihr nicht mehr die Frau finden, die er geheiratet hätte. Zum ersten Mal sprach er alles aus, was ihn belastete. Sarah bekam zu hören, dass sie ihm nicht genug Beachtung schenkte, dass die Kinder immer den Vorrang bekamen. Und zu guter Letzt auch noch, dass sie sich nicht mal mehr etwas aus ihrem Äußeren machte, obgleich sie doch eine schöne Frau sei. Vorwürfe und Frust quollen ihr aus Heinrich entgegen. Es endete damit, dass sie beide heulten und stumm auseinandergingen.

Heinrich war damals mit der Idee eines Seminars zu ihr gekommen. Noch am selben Abend. Sarah hatte erst mal nichts davon hören wollen. Sie war sehr skeptisch gewesen. Ein Seminar über den Glauben und die Kirche war ja schön und gut, aber wie so etwas ihre Ehe retten sollte, war ihr schleierhaft. Als Heinrich mit der Idee ankam, war ihr erster Gedanke gewesen: Und was machen wir in der Woche mit den Kindern? Und außerdem: Was konnten Fremde schon über ihre Probleme wissen? Im Grunde war doch alles nur halb so schlimm. Ein gescheiter Urlaub zu zweit würde sie schon wieder auf die Beine bringen. Man musste sich eben zusammenreißen. Das Leben war halt kein Wunschkonzert! Es gab wahrlich genug Menschen, die größere Probleme hatten.

Aber ihr Mann hatte nicht lockergelassen. Er war sogar so weit gegangen, seine Mutter zu überreden, die Buben für die Woche zu hüten. Das allein grenzte schon an ein Wunder, da Sarah sich mit Heinrichs Mutter nicht sehr gut verstand und diese nur sehr selten bereit war auszuhelfen. Sarah würde ihrem Mann auf ewig dankbar sein, dass er damals seinen Kopf durchgesetzt hatte.

Denn ebenjenes Seminar hatte ihr Leben von Grund auf verändert. Sarah hatte nicht gewusst, dass es solche Seminare gab. Erst glaubte sie, es sei eine Art Eheberatung, auf die Heinrich sie schleppte. Die Woche entpuppte sich aber als anders als alles, was sie bis dato erlebt hatte. Weder ihre Ehe noch die Kirche standen im Mittelpunkt. Das Zentrum, um das sich alle Vorträge und Gespräche drehten, war eine lebendige, persönliche Beziehung zu Jesus Christus. Für Sarah war diese Sichtweise Neuland. Für ihren Mann Heinrich ebenfalls. Beide hatten sich jedoch vorgenommen, die Woche durchzuziehen, sich auf alles einzulassen und erst danach über ihr weiteres Leben zu entscheiden.

Am dritten Tag bzw. in der dritten Nacht hatte Sarah ein einschneidendes Erlebnis. Sie träumte von einer Tür, durch die sie gezwungen war zu gehen. Im Raum dahinter fand sie vier Särge vor. Einen großen und drei kleine. Als sie die Särge vorsichtig öffnete, befanden sich darin ihr Mann und ihre drei Söhne. Bleich und tot lagen sie da. Der Anblick traf sie mitten ins Herz und drohte es zu zerreißen. Sarah schrie und schrie. Schweißgebadet wachte sie auf und erzählte Heinrich von dem Traum. Der beruhigte sie, und sie verdrängte das Ganze. In der darauffolgenden Nacht jedoch wiederholte sich der Traum mit dem einzigen Unterschied, dass Sarah schon wusste, was hinter der Tür liegen würde, und das weitere Geschehen trotzdem nicht aufhalten konnte. Sie war davon so beunruhigt, dass sie zu dem Seminarleiter ging. Sie hatten in einem Vortrag gehört, dass Gott auch in Träumen zu Menschen sprechen konnte. Sarah hatte mehr das Gefühl, es mit dem Teufel zu tun zu haben, und musste dringend mit jemandem reden. Der Seminarleiter hörte sich in aller Ruhe an, was sie ihm erzählte. Sarah war alles andere als ruhig. Sie war aufgewühlt und wollte wissen, was das zu bedeuten habe. Noch nie hatte sie derartige Träume gehabt. Der Seelsorger hatte dann lange mit ihr gebetet, und gemeinsam hatten sie erarbeitet, dass der Traum wohl ein Zeichen dafür sein könnte, dass Sarah weder ihren Mann noch ihre Kinder jemals dem Herrn anvertraut hatte. Sie trug die schwere Last auf den Schultern, ganz allein für das Leben und Wohlbefinden der Kinder verantwortlich zu sein. Und der Traum zeigte eines sehr deutlich: Was auch immer sie tat, wie viel Mühe sie sich auch geben würde, sie konnte ihre Kinder und ihren Mann nicht retten. Weder in dieser noch in der nächsten Welt. In einem Gebet hatte Sarah schließlich ihren Mann und ihre Söhne an Jesus abgegeben. Sie übergab ihm alle Verantwortung für sie. Auch wenn sie noch Zweifel in sich trug, was das alles bringen würde, konnte sie eine spürbare Erleichterung nicht leugnen.

Das Seminar, in dem sie beide sich erst für Jesus und dann noch einmal erneut füreinander entschieden hatten, zeigte sich als eine tiefgreifende Wandlung ihres Lebens. Erst ihres eigenen, dann ihres gemeinsamen Ehelebens. Eine Erkenntnis von damals begleitete sie bis heute: Erst wenn sie selbst zu schwach war, um etwas zu schaffen, dann bekam Jesus Raum in ihr, um es zu übernehmen. Und er konnte es so viel besser, als sie selbst es je vermocht hätte. Sie erkannte, dass er die Quelle war, aus der sie Kraft schöpfen durfte. Und dass diese Quelle unendlich reich war und niemals versiegte. Sie musste sie nur anzapfen. Damals hatte ihr Leben neu begonnen; das Leben, in dem Jesus der Regisseur war.

Die Wende, die ihr Leben damals genommen hatte, hatte sich auf die folgenden Jahre stark ausgewirkt. Die Probleme ihrer Ehe lösten sich nicht in Luft auf. Im Gegenteil. Gerade in den Wochen, die dem Seminar folgten, schienen sie besonders zutage zu treten. Der Unterschied war die neue Herangehensweise und der Umgang damit. Neue Hoffnung und eine frische Gewissheit, dass Jesus an jedem noch so kleinen Detail ihres Lebens Anteil hatte und einbezogen werden konnte, ja mehr noch, einbezogen werden wollte, wurde zu einer treibenden Kraft. Sarah hatte etwas unschätzbar Wertvolles geschenkt bekommen: das Vertrauen, nicht alles selbst schaffen zu müssen, und die Sicherheit, in ihrer Verantwortung als Mutter genau am richtigen Ort zu sein. Ihr war neu bewusst geworden, welch ein Geschenk drei gesunde Söhne waren. Und sie wollte ihnen die Aufmerksamkeit zukommen lassen, die sie brauchten, weil sie sie liebte. Nicht einfach deswegen, weil es ihre Pflicht war.

Und auch mit Heinrich war eine Veränderung vor sich gegangen. Er bemühte sich um Gespräche und darum, ihr ein offenes Ohr zu schenken. Sarah empfand eine wachsende Liebe für ihren Mann, wie sie es nie für möglich gehalten hatte. Auf dem Seminar hatten sie gelernt, wie wichtig Zeit zu zweit war, und so war seitdem ein Abend in der Woche fest nur für sie beide reserviert. Komme, was wolle. Es klappte natürlich nicht immer, hatte sich aber als regelmäßige Einrichtung bestens bewährt.

Sarah blickte auf, als Serena sich auf ihren Schoß schob. Das kleine Mädchen war müde und kuschelte sich in ihren Armen zusammen. Wahrscheinlich würde sie gleich einschlafen. Der kleine Nachzügler. Das Nesthäkchen. In einem plötzlichen Auflodern von Emotionen drückte Sarah ihr Töchterchen an sich.

Sie liebte alle ihre Kinder. Aber Serena war ein Geschenk, das unverhofft und spät in ihr Leben gegeben worden war. Sarah war bereits einundvierzig gewesen, als sie bemerkte, dass sie erneut schwanger war. Nach dem ersten Schrecken hatte sich eine tiefe Beglückung in ihr ausgebreitet über das kleine Leben, das da in ihr heranwuchs. Und ihre vier Männer waren überhaupt ganz aus dem Häuschen gewesen vor Freude. Dann war die Löwin in ihr erwacht, als ihr erst ein, dann zwei und dann ein dritter Frauenarzt zur Abtreibung geraten hatte. In ihrem Alter sei es eine Risikoschwangerschaft. Sie habe doch bereits drei Kinder. Das Kind würde wahrscheinlich mit einer Behinderung zur Welt kommen, hieß es. Die Härte dieser Aussagen, die ohne Alternative vor ihr ausgebreitet worden waren, hatte Sarah zutiefst erschreckt. Aber sie hatte vom ersten Moment an gewusst, dass sie dieses Kind wollte. Und die Gewissheit, dass der Herr sich darum kümmern würde, hatte ihr die nötige Kraft gegeben, dafür zu kämpfen. Sarah war immer noch erschrocken, wenn sie an diese Drohungen zurückdachte. Behutsam strich sie Serena über das blonde, weiche Haar. Ein aufgewecktes, fröhliches, gesundes Kind war sie, allen Prognosen zum Trotz.

Und welche Freude war es für Sarah gewesen, als ihre Schwester auch noch ein kleines Mädchen bekommen hatte: Clara. So war Serena nicht die Jüngste auf weiter Flur, sondern hatte eine gleichaltrige Cousine. Als Claras Mutter damals ebenfalls zur Abtreibung geraten wurde – ganz nach der Devise, sie habe doch schon zwei Kinder –, war Sarah auf die Barrikaden gegangen. Sie empfand es schlicht als Unverschämtheit, dass Ärzte, wie sie herausgefunden hatte, sogar die »Pflicht« hatten, unter gewissen Umständen auf eine Abtreibung hinzuweisen. Wo war die Welt hingekommen? Gemeinsam mit ihrer Schwester engagierte sie sich seitdem für Aufklärung und arbeitete aktiv im Lebensschutz.

Ihre Schwester saß mit Clara eine Reihe weiter hinten. Sarah musste an das Gespräch denken, das sie vor wenigen Monaten mit Clara geführt hatte. Es war ihr aufgefallen, dass sie seit der Erstkommunion nicht mehr kommuniziert hatte. Darauf angesprochen, war ihre kleine Nichte in Tränen ausgebrochen. Sarah hatte versucht, aus ihr herauszubekommen, was eigentlich los war, hatte aber keinen rechten Erfolg gehabt. Jetzt erinnerte sie sich wieder daran, als Clara erneut in der Bank sitzen blieb, als die Kommunion ausgeteilt wurde. Vielleicht sollte sie noch einmal versuchen, mit dem Mädchen zu sprechen?

Sarah huschte ein Lächeln übers Gesicht, als pünktlich zur Eucharistiefeier ein Baby zu jammern begann. Sie beobachtete Annemaries zukünftige Stieftochter Lina, die aufstand und mit ihrem Söhnchen umherwanderte, um es zu beruhigen. Sie legte sich den Buben über die Schulter und tätschelte ihn beruhigend. Das kleine hellbraune Gesichtchen schaute verschlafen in die Menge. Was war das für ein Geschenk, dass Annemarie nicht nur eine Tochter, sondern auch gleich ein Enkelkind mit in die Ehe bekam! Hatte sie sich nicht immer Kinder gewünscht? Zugegeben, die Umstände waren nicht die wünschenswertesten. Der Kindsvater war unbekannt und Lina nicht die geborene Mutter. Aber Lina hatte nach anfänglichem Zögern schnell Zutrauen zu Annemarie gefasst. Sie war so unsicher gewesen in allem, so dass sie den Rat der neuen Frau im Leben ihres Vaters nur zu gerne in Anspruch genommen hatte. Und jetzt, wo der Kleine da war, machte sie sich erstaunlich gut in ihrer Rolle als Mutter. Sie schien in den letzten Monaten um Jahre gereift zu sein.

Nichtsdestotrotz kam da wohl keine einfache Aufgabe auf Annemarie zu. Aber Sarah wusste um das große, weite Herz ihrer besten Freundin und dass sie dem Kleinen eine aufopferungsvolle Großmutter sein würde.

»Hilf ihr, Herr«, betete Sarah. »Sei in unserer Schwachheit unsere Stärke.«

Während der Wochen von Annemaries Krankenhausaufenthalt hatte Sarah Zeit gehabt, sowohl Josef als auch Karl gut kennenzulernen. Beide Männer hatten sie verblüfft in ihrer Hartnäckigkeit. Karl sprach viel mit ihr. Beständig wollte er wissen, wie es Annemarie ging und wann er zu ihr könne. Und in den langen, bangen Stunden der ersten Tage hatte er ihr auch von seinem Leben erzählt. Von seiner verstorbenen Frau und von seiner Tochter Lina. Mit jedem Augenblick, den sie ihn näher kennenlernte, erwärmte sich Sarah für diesen Mann. Er hatte in einem Gespräch zugegeben, dass er sich selbst nicht ganz erklären konnte, was ihn jeden Tag wieder ins Krankenhaus trieb. Aber das Gefühl, das Annemaries Anblick in ihm ausgelöst hatte, musste er verfolgen. Und jetzt feierten sie das Ergebnis seines Durchhaltevermögens.

Josef war in den ersten Tagen extrem still gewesen. Eigentlich saß er nur in einem Ecksessel im Wartebereich des Krankenhauses und beobachtete alle. Schließlich hatte Sarah sich ein Herz gefasst und sich zu ihm gesetzt. Er tat ihr leid, und außerdem interessierte es sie, was er all die Jahre getrieben hatte. Was sie schließlich hörte, war ernüchternd und erschreckend zugleich. Er hatte weder aufregende Reisen gemacht noch ein neues Leben begonnen. Sarah hörte mit Verblüffung, dass er all die Jahre in derselben Stadt gelebt hatte. Und dass er aus der Ferne Annemarie und seine Frau beobachtet hatte. Aber die Krankheit seiner Frau hatte ihn anfänglich einfach erdrückt. Und später hatte es irgendwie keinen Zeitpunkt gegeben, an dem es Sinn gemacht hätte, wieder zurückzukommen. So war er ziemlich einsam alt geworden. Erst die Nachricht vom Tod seiner Frau hatte ihn aus dem Versteck getrieben. Aus Gesprächen mit Annemarie wusste Sarah, dass die Freundin von dieser Eröffnung ziemlich geschockt gewesen war. Andererseits hatte es ihr Bild vom eigenen Vater nur bestätigt, und sie war durch ihre Krankheit zu schwach und milde gewesen, um es ihm lange nachzutragen. Zu sehr sehnte sie sich danach, ihren Vater neu kennenzulernen.

Sarah warf Heinrich einen Blick zu. Er wusste noch nicht, was sie Karl und Annemarie versprochen hatte, damit diese in Frieden ihre Flitterwochen antreten konnten. Aber sie war zuversichtlich, dass Heinrich und auch ihre Kinder ihr helfen würden, ihr Versprechen einzulösen.

Dezember

oder

»Das Leben ist jetzt!
Und heute ist der erste Tag
vom Rest davon.«

Die Glocken des Doms läuteten mit geheimnisvollem, wohlklingendem Ton, und Alexandra schaute auf ihre Armbanduhr. Leuchtzeiger: welch grandiose Erfindung! Es war dunkel und ziemlich kalt, und sie zog ihre Mütze tiefer in die Stirn. Die Stadt wirkte vollkommen verlassen zu dieser späten Stunde. Wer nicht bereits in die Mitternachtsmette geeilt war, saß behaglich zu Hause und packte bereits Geschenke aus. Alexandra zog genüsslich die kalte Nachtluft ein, schob ihre Hände tiefer in die Taschen ihres warmen Wintermantels und blickte zum klaren Himmel empor. Es war eine Seltenheit, dass man die Sterne über der Stadt so klar erkennen konnte. Sie liebte die Stadt, wenn sie so verlassen wirkte. Aber sie musste sich beeilen, wenn sie es rechtzeitig zum Beginn der Messe schaffen wollte. Also riss sie den Blick vom Himmel los und beschleunigte ihre Schritte. Sie war spät dran, weil sie vor wenigen Stunden noch einem Kind auf dem Weg in diese Welt geholfen hatte. Ein kleines Mädchen, rosa und gesund. Jedes Mal, wenn so ein kleines Wesen heil das Licht der Welt erblickte, erfüllte sie das mit einer tiefen Freude und Dankbarkeit. Heute war es etwas ganz Besonderes. Schließlich war Weihnachten, und das Krankenhaus war in Weihnachtsstimmung. Das kleine Mädchen war für die ganze Belegschaft wie ein Geschenk gewesen, das pünktlich zum Heiligen Abend geliefert worden war. Wenn es in ihrem Leben etwas gab, was genau richtig war, dachte Alexandra, dann war es ihr Beruf. Ohne Zweifel.

Als sie auf den Domplatz einbog, entdeckte sie Ella, die frierend auf der Stelle tretend vor dem großen Portal stand und auf sie wartete. Eine treue Freundin. Das wäre doch nicht nötig gewesen. Ella entdeckte Alexandra und schritt ihr entgegen. Sie hakte sich, ohne ein Wort zu sagen, bei ihr unter, und sie gingen die letzten Meter gemeinsam.

»Hat es schon angefangen?«, fragte Alexandra die Freundin und wollte bereits die gewaltige Tür aufschieben.

»Warte kurz, Alex!«, kam es da leise und verschnupft klingend von Ella. Erst jetzt bemerkte Alexandra die geschwollenen roten Augen der Freundin. Das war kein Schnupfen, der Ellas Stimme belegte. Sie hatte geweint.

»Hey, was ist denn los?«, fragte sie besorgt und legte einen Arm um sie. Natürlich war etwas los mit Ella. Warum sollte sie sonst bei der Kälte vor dem Dom warten? Sie waren nicht verabredet gewesen. Besorgt musterte sie die Freundin.

»Meinst du, er wird mir verzeihen, dass ich bei der Priesterweihe einfach abgehauen bin? Dass ich gerannt bin und die Panik mich besiegt hat?«

Alexandra wusste sofort, wovon sie sprach. Paul. Natürlich. Ella war bei Constantins Priesterweihe, als sie Pauls Familie kennengelernt hatte, in Panik geraten. Panik vor ihrer eigenen Entschlossenheit. Panik vor Bindung. Panik vor Pauls Zuneigung und vor den erwartungsvollen Augen seiner Familie. Und die letzten Monate waren die Hölle für sie gewesen. Paul, der eine Studienreise nach Amerika gemacht hatte, war kurz nach der Priesterweihe von Constantin abgereist, und Ella hatte keine Gelegenheit bekommen, aus der Welt zu räumen, was vorgefallen war. Sie hatten sich am Telefon gesprochen, aber es war nicht ausreichend gewesen. Paul machte ihr keine Vorwürfe. Aber Ella wusste, dass es an ihr lag, einen Schritt zu tun. Zu Weihnachten war Paul wieder da, und sie hatten sich noch nicht gesehen. Und mit Sicherheit saß er bereits im Dom, weil doch sein Bruder die Messe hielt und predigen würde.

Alexandra packte ihre Freundin an beiden Schultern und schaute sie fest an. »Ella. Ich weiß, dass Paul dich liebt und dass er dir alles verzeihen würde. Werde erwachsen. Geh hinein und setz dich zu ihm. Du hast dich doch bereits für ihn entschieden. Jetzt musst du nur noch den ersten Schritt tun. Der Rest liegt in Gottes Hand. Aber hey – ich hab ein gutes Gefühl dabei.« Sie nickte aufmunternd und zwinkerte der Freundin zu: »Du musst ihm ja nicht gleich einen Heiratsantrag machen.«

Ella schneuzte sich geräuschvoll in ein Taschentuch und schaute verzagt. Aber dann lächelte sie. Sie richtete sich auf, atmete tief durch und zerknüllte das Taschentuch in den Händen. »Du hast recht, Alex. Das Leben ist jetzt. Und heute ist der erste Tag vom Rest davon. Wenn nicht heute, wann dann?«

Es klang, als wolle sie sich selbst Mut zusprechen. Als könnten die ausgesprochenen Worte ihrem zitternden Herzen Stabilität verleihen. Alexandra nickte nachdrücklich, zog das Domportal auf und schob Ella hinein.

»Nur zu«, sagte sie. »Das schaffst du!«

Ella drehte sich noch einmal um, als Alexandra zurückblieb. »Kommst du nicht mit nach vorne?«, flüsterte sie.

Alexandra schmunzelte. »Um dann zwischen Paul und dir zu sitzen und mir Liebesgeflüster anzuhören? Du spinnst wohl. Geh schon!«

Als Ella den langen Mittelgang nach vorne eilte, schaute sich Alexandra um. Die Kirche war ziemlich voll, aber etwa auf halbem Weg zum Altar erspähte sie einen freien Platz am Gang. Sie erkannte Philippa und ihre Familie. Und wenn sie ehrlich mit sich war, musste sie sich eingestehen, dass sie der Gedanke reizte, dort vielleicht auch auf deren Bruder Ferdinand zu stoßen. Sie sah noch, wie Ella die ersten Reihen abging, dann kurz zögernd stehen blieb, um dann entschlossen, aber umständlich über einige Menschen hinwegzusteigen und in der zweiten Reihe zu verschwinden.

Felix baumelte gelangweilt mit den Füßen, als eine Frau neben ihm Platz nahm. Die Christmette hatte gerade erst begonnen, aber er wusste aus Erfahrung, dass die Messe an Weihnachten immer ewig dauerte. Die Aussichten auf danach waren jedoch herrlich. Denn danach gab es Geschenke. Er betrachtete die Frau neben sich und fragte sich, warum sie ihm so bekannt vorkam. Dann beugte sie sich auch noch über ihn und begrüßte leise seine Mutter. Diese strahlte fröhlich auf und deutete auf den Kinderwagen der Zwillinge, der am äußeren Rand der Bankreihe stand. Sein Vater saß daneben. Felix drehte die Augen zum Himmel. Er hatte sich zwar mittlerweile an den Gedanken gewöhnt, ein großer Bruder zu sein, aber die ständige Aufmerksamkeit, die die Zwillinge auf sich zogen, nervte ihn immer wieder. Und eigentlich war es auch ziemlich gemein. Wenn die Zwillinge »endlich mal still waren«, dann wurde das bemerkt und hoch gelobt. Bei Felix schien es niemand zu kümmern, dass er gefühlt stundenlang hier in der Bank saß und nix sagte. Aber sobald er den Mund aufmachte, wurde geschimpft.

Plötzlich zog ihn jemand von hinten an den Haaren. Verärgert drehte er sich nach dem Störenfried um und blickte natürlich in Claras Gesicht. Die feixte ihn fröhlich an, und er konnte nicht anders und musste zurückgrinsen. Er war so froh, dass sie ihn immer noch mochte, obwohl er ein solcher Blödmann gewesen war. Clara beugte sich zu ihm vor und flüsterte ihm aufgeregt ins Ohr: »Ich geh heut, Felix! Ich mach es wieder!«

Felix konnte nichts erwidern, weil Claras Mutter sie bereits zur Ruhe ermahnt hatte. Aber Felix wusste genau, wovon sie sprach. Deswegen war sie ihm ja böse gewesen. Weil er in ihrem Tagebuch gelesen und so erfahren hatte, dass sie seit ihrer gemeinsamen ersten heiligen Kommunion Angst gehabt hatte, etwas falsch zu machen. Und dass Jesus ihr böse sein könnte. Deswegen war sie kein zweites Mal zur Kommunion gegangen. Aus Angst, wieder etwas falsch zu machen. Mädchenängste, fand Felix, aber da er Clara mochte, hatte er das Problem mit seinem Onkel Ferdinand besprochen. Und auf Onkel Ferdinand war Verlass. Er hatte zwar selbst keinen Rat gewusst, weil er sich, wie er sich ausdrückte, »mit Jesus nicht so gut auskannte«, aber er hatte ihm gesagt, wo er Rat finden konnte. Und so hatte Felix all seinen Mut zusammengenommen und hatte Clara noch einmal auf das Thema angesprochen, obwohl sie beim ersten Mal nicht gerade gnädig reagiert hatte. Eigentlich war er ziemlich stolz auf sich!

Als Ferdinand, der zu spät dran war, die Bankreihe erreichte, in der er seine Schwester und ihre Familie erspäht hatte, durchfuhr ihn ein freudiges, leicht verwirrendes Flimmern, als er die junge Hebamme Alexandra erkannte, die neben Felix saß. Wie kam es, dass diese Frau in den letzten Wochen ständig seinen Weg zu kreuzen schien? Wenn das mal kein Zufall ist, dachte er bei sich. Sie nickte ihm zu und – täuschte er sich, oder überzog da nicht eine leichte Röte ihr Gesicht?

Alexandra rückte auf, damit er sich setzen konnte. Sobald Ferdinand jedoch Platz genommen hatte, kletterte Felix aufgeregt über Alexandras Füße und drängte sich zwischen die beiden Erwachsenen. Ferdinands Aufmerksamkeit wurde von seinem Neffen voll und ganz in Anspruch genommen, so dass er nicht weiter über Alexandras Anwesenheit nachdenken konnte. Felix zog ihn zu sich herunter und begann ihm aufgeregt ins Ohr zu flüstern. Ferdinand warf Alexandra einen entschuldigenden Blick zu, den sie mit einer amüsiert hochgezogenen Augenbraue erwiderte.

Sie konnte ja auch nicht ahnen, welche Veränderungen sich bei dem Workaholic Ferdinand in den letzten Wochen vollzogen hatten. Er begriff es ja selbst kaum. Aber der Hauptgrund dieser Veränderung saß gerade neben ihm und wollte ihm aufgeregt etwas mitteilen. Felix berichtete ihm in leisem Flüsterton, wie er Clara mit zu Pater Kilian genommen hatte, und Ferdinand fragte sich verwundert, wie es so weit hatte kommen können, dass er der Vertraute eines Achtjährigen geworden war. Und was noch verwunderlicher war: Er liebte es. Er liebte Felix und das ganze Familien-Tamtam, das mit diesem bei ihm eingezogen war. Gerade jetzt in der Adventszeit hatte Ferdinand viel Zeit bei seiner Schwester verbracht. Es war Jahre her, dass er Adventssingen, Plätzchen backen und Geschenke ausdenken so genossen hatte. Er wollte es nicht mehr missen. Und was noch viel erstaunlicher war: Die Worte auf dem kleinen gelben *Post-it*, das Felix' Wutanfall zutage gefördert hatte, waren keine Worte geblieben. Er hatte tatsächlich begonnen, sie in die Tat umzusetzen und sein Leben zu ändern. Ferdinand verstand nur die Hälfte von dem, was Felix ihm zuflüsterte, er warf seinem Neffen aber einen warnenden Blick zu, als dessen Mutter ihn verärgert zur Ruhe ermahnte. Wenn er nicht endlich still sei, gäbe es Ärger.

Felix' aufgeregtes Flüstern hatte Sarah aus ihrer Andacht gerissen. Ihr Blick wanderte von dem kleinen Kameraden ihrer Nichte zu den Menschen, die die Bankreihe mit ihr teilten. Neben ihren Kindern und Heinrich saßen auch noch Annemaries Vater Josef und Karls Tochter Lina, die ihr Söhnchen in einem Tragetuch vor der Brust trug. Karl und Annemarie waren noch auf Hochzeitsreise und hatten ihr,

Sarah, die Menschen ans Herz gelegt, die ihnen am wichtigsten waren. Die eine den Vater und der andere seine Tochter. Beide würden Weihnachten in Sarahs Familie verbringen. Zusammen mit dem überraschenden Enkelsöhnchen, das gerade friedlich am Herzen seiner Mutter schlummerte. Sarahs Tochter Serena war ganz aus dem Häuschen, als sie erfuhr, dass Lina und das Baby bei ihnen Weihnachten feiern würden. Sie war Lina nicht von der Seite gewichen, seit diese am Nachmittag gekommen war. Das kleine, dunkelhäutige Bübchen war für Serena eine einzige Faszination. Wie eine Puppe, die schreit und eben »echt« war. Sarah schmunzelte in sich hinein. Es war wirklich ein Wunder, wie der Herr die Dinge fügte und leitete.

Es war noch kein Jahr vergangen, seit Josef auf der Beerdigung seiner Frau aufgetaucht war und seiner Tochter Annemarie zum ersten Mal seit Jahren wieder in die Augen geblickt hatte. Sarah konnte die Veränderung sehen, die in den letzten Monaten mit ihm vor sich gegangen war. Er wirkte aufgerichteter. Wie um eine schwere Last erleichtert. Wie sehr er sich geschämt haben musste an jenem Januarmorgen. Dieses Gefühl würde er bestimmt nie vergessen.

Die Wochen, die auf Annemaries Zusammenbruch folgten, waren wohl die ereignisreichsten im Leben ihrer besten Freundin gewesen. Sie musste sich mit vielen Dingen auseinandersetzen, als sie im Krankenhaus das Bewusstsein wiedererlangt hatte. Zu vieles war über sie hereingebrochen, zu vieles wollte einen Platz in ihrem Leben, das gerade einen tiefen, schmerzhaften Einschnitt erfahren hatte. Sarah konnte nicht genug darüber staunen, wie Annemarie alles verarbeitet hatte. Wie sie es stark und selbstbewusst anging, ihr Leben in die Hand zu nehmen. Nein. Mehr noch: jemand in ihr Leben hineinzulassen, nicht ahnend, welchen tiefen Prozess der Heilung und Veränderung sie damit zuließ. Sarah kannte Annemarie nun über dreißig Jahre. Und noch nie hatte sich das Herz ihrer Freundin derart offenbart. Ja, sie war immer stark gewesen. Jahrelang. Für ihre Mutter. In den letzten Monaten jedoch war sie für sich selbst stark geworden.

Sarah hatte es hautnah miterlebt, wie ihre Freundin eine tiefe Veränderung durchgemacht hatte. In einem Augenblick, in dem Annemaries Körper sie im Stich gelassen hatte und sie ans Bett gefesselt war. Die sonst so aktive Freundin war durch strikt verordnete Bettruhe zur Untätigkeit gezwungen worden und hatte so viel Zeit, sich mit ihren Gedanken auseinanderzusetzen. Sarah war jeden Tag ans Krankenbett geeilt. Und sie hatten geredet. Stunden um Stunden. Sie hatten geweint und schließlich gebetet. Sarah konnte es immer noch nicht recht fassen, aber Annemarie hatte den Schritt des Glaubens gewagt. Nicht wissend, was das mit sich bringen würde. In den ersten Tagen im Krankenhaus hatte sie niemanden sehen wollen. Nur Sarah. Und zum zweiten Mal in ihrer jahrzehntelangen Freundschaft hatte Annemarie Sarah gebeten, mit ihr zu beten. Weil sie am Ende war. Weil sie nicht weiterwusste. Weil ihr Inneres so leer war und so vieles drängte, darin Platz zu finden.

»Meine Mutter hat immer gesagt: Der Herr wird es richten! Und du glaubst das doch auch, Sarah, oder? Ich kann nicht mehr. Ich bin leer und kaputt. Wenn der Herr es richten kann, dann zeig mir, wie ich ihn darum bitte.«

Es war keine aufsehenerregende Stunde gewesen. Still und leise war es vor sich gegangen. Und doch mussten Posaunenchöre den Himmel zum Erbeben gebracht haben. Sarah wusste, was zu tun war. Sie wusste, dass es Vergebung war, die Annemaries Leben verändern konnte und würde, wenn sie es zuließ. In den vielen Jahren am Bett ihrer Mutter war sie nicht bitter geworden. Aber dennoch hatte sie so vieles in sich vergraben und getragen. Es war an der Zeit, es abzugeben. Erst hatte Sarah befürchtet, dass es Annemarie schwerfallen würde, dass sie sich wehren würde. Aber es war alles anders gekommen. Annemarie hatte ihre Worte aufgesaugt wie ein Schwamm. Sie wollte vergeben. Sie wollte Platz machen. Sie wollte Hilfe, wo sie sich selbst nicht helfen konnte. Letztendlich hatte Sarah Pater Kilian mit ins Krankenhaus gebracht. Und Annemarie hatte gebeichtet. Zum ersten Mal seit über dreißig Jahren. Und dann hatte sie ihr Leben in Jesu Hände gelegt und aktiv begonnen aufzuräumen. Das war auch der Tag gewesen, an dem sie Karl und schließlich auch ihren Vater in das Krankenhauszimmer und dann auch langsam in ihr Leben gelassen hatte. Und das war der Beginn von etwas ganz Neuem gewesen.

Josef und Karl: Zwei Männer waren mit einem Schlag in Annemaries Leben zurückgekehrt und hatten es auf den Kopf gestellt. Und diese beiden Männer waren nicht zurückgeschreckt, obwohl Annemarie sich anfangs weigerte, sie zu sehen. Beide waren geblieben. Der eine, um seine Tochter, der andere, um seine Liebe zurückzugewinnen. Und Annemarie? Die hatte einfach und still begonnen, beiden einen Platz einzuräumen.

Sarahs Blick blieb auf Celina hängen. Auch Karls Tochter hatte einen Platz in Annemaries Leben und ihrem Herzen gefunden. Die Tatsache, dass Annemarie gerade ihre Mutter verloren hatte, war für Lina ein Schleusenöffner gewesen. Das war eine Gemeinsamkeit, die sie verband. Seit der Kleine geboren worden war, hatte Annemarie schlicht und einfach die Großmutterrolle übernommen. Sie war ganz hingerissen von dem Kind und hatte Sarah gestanden, dass sie sich zurückhalten musste, um nicht allzu ausgeprägtes Gluckengehabe an den Tag zu legen.

Celinas Blick war auf einen jungen Mann gerichtet, der

ein paar Reihen weiter vorne kniete. Ihr Gesichtsausdruck verriet Sehnsucht, Reue und Unsicherheit.

Ben atmete den Weihrauch, der sich um ihn ausbreitete, tief ein. Die Ministranten schwenkten die Fässer eifrig hin und her, und die nebligen Schwaden waberten wie Geister über die Gläubigen hinweg. Wenn Ben an der Kirche etwas wirklich liebte, dann war es der Geruch von Weihrauch. Er war kein regelmäßiger Kirchgänger, aber an Weihnachten war es einfach Tradition, und seine Eltern, die neben ihm saßen, hätten es nicht verstanden, wenn er nicht gekommen wäre. Alexandra würde wohl später zu ihnen stoßen, da sie noch Dienst gehabt hatte. Unbewusst hatten seine Augen die Reihen abgesucht, als er den Dom betreten hatte. Aber das Gesicht, nach dem sich sein Herz sehnte, konnte er nicht ausfindig machen. Wo war sie? Wenn sie in der Stadt war, dann wäre sie doch gewiss heute hier? Gleichzeitig wünschte er fast, sie möge nicht da sein. Um ihm noch einen Aufschub zu gewähren. Er wollte sie ja. Er würde sie wieder erobern. Er würde sie um Verzeihung bitten und in sein Leben einladen. Er schob dieses Vorhaben jetzt schon seit Wochen vor sich her. Der richtige Augenblick hatte sich einfach nicht ergeben. Obgleich Alexandra ihm von ihrer Begegnung mit Hanna berichtet hatte, hatte er noch keinen Schritt gemacht, um den Kontakt wiederaufzunehmen. Er war innerlich blockiert und noch nicht bereit, sich wieder auf eine Beziehung einzulassen. Dafür war seine Seele im letzten Jahr zu oft erschüttert worden. Im nächsten Jahr würde sich ganz bestimmt eine Gelegenheit dazu bieten.

Die Anwesenheit einer anderen Person war ihm hingegen vollkommen bewusst. Er spürte ihren Blick im Nacken wie die leichte Berührung einer Feder. Er begriff immer noch nicht richtig, was in diesem Jahr alles geschehen war.

In Lichtgeschwindigkeit war sein Leben erst in die eine, dann in die andere Richtung geworfen worden. Dass das Kind in Linas Leib nicht sein eigenes gewesen war, hatte ihn beinahe noch mehr aus der Fassung gebracht als die Nachricht, dass sie schwanger war. Dabei sagte ihm sein Verstand, dass er Erleichterung verspüren müsste. Er sollte sich frei fühlen. Doch erst der Verlust hatte ihm gezeigt, wie sehr er sich auf das Kind gefreut hatte. Dazu kam noch die ernüchternde Erkenntnis, dass Lina ihm nicht treu gewesen war. Und dass sie ihn ausgenutzt hatte. Sie hatte bestimmt den Himmel befleht, das Kind möge tatsächlich von ihm sein. Der wirkliche Kindsvater hatte außer dem kleinen Bündel, das sie jetzt an sich drückte, keine Spur hinterlassen. Vor ein paar Tagen hatte Ben sich mit Lina getroffen und den Kleinen angeschaut. Im Krankenhaus war er so sehr geschockt und gekränkt gewesen, dass er einfach gegangen war. Lina hatte jedoch nicht lockergelassen. Sie wollte ihn sehen. Sich entschuldigen. Ihm das Kind zeigen. Schließlich hatte er sich von ihren vielen tränenreichen Anrufen erweichen lassen. Und es war ihm eine wirklich reumütige und seltsam sanfte Lina entgegengetreten. Erstaunt hatte er darauf gewartet, dass sie irgendeine dramatische Szene machen würde. Sie hatten jedoch nicht viel gesprochen, beide wussten nicht, was es zu sagen gab. Aber Lina hatte ihn ein zweites Mal erstaunt. Mit Tränen in den Augen hatte sie sich bei ihm bedankt, dass er sie von einer Abtreibung abgehalten habe. Jetzt wo der Kleine da sei, könne sie eine Liebe in sich spüren, die größer sei als alles, was sie bisher empfunden hatte.

Ben schluckte heftig, um den bitteren Geschmack zu vertreiben, der in ihm hochstieg. Liebe, was bedeutete das denn schon wirklich? Dann konzentrierte er sich auf die Predigt: Wer weiß, vielleicht hatte Gott ja eine Antwort für ihn darin versteckt, dachte er leicht ironisch.

Constantin trat auf die Kanzel und ließ seine Blicke über die Gemeinde schweifen. Viele bekannte Gesichter blickten ihn erwartungsvoll an. Nur ein vertrautes Gesicht fehlte. Aber er wusste, dass er nicht danach zu suchen brauchte, und bei diesem Gedanken huschte ein warmes Lächeln über Constantins Gesicht. Hanna hatte sich tatsächlich entschieden. Nachdem auf seiner Priesterweihe Alexandra ihren Weg gekreuzt hatte, hatte sie lange nachgedacht. Constantin hatte ihr in den nachfolgenden Wochen ein offenes Ohr, aber nur wenig Hilfe anbieten können. Sie verstand es nicht. Verstand nicht, weshalb Ben sich nicht bei ihr meldete. Wo das Kind doch nicht seines gewesen war? Wo er doch frei war? Jetzt, wo er frei war, wäre doch der Weg für eine Beziehung erst recht offen? Und dabei wäre sie ja sogar bereit gewesen, eine Beziehung mit ihm zu führen und auch sein Kind zu integrieren.

Aber er hatte sich einfach nicht gemeldet. Kein Wort. Sie hatte es hin- und hergeschoben und versucht, einen Blickwinkel zu finden, der sein Verhalten rechtfertigen konnte. Sie fand keinen. Ihr verletzter Stolz ließ nicht zu, dass sie zu ihm kam. Sie hatte sich fürwahr oft genug bei ihm gemeldet und klipp und klar gesagt, dass sie mit offenen Armen auf ihn wartete – komme, was wolle. Wenn er also nicht kam, war das wohl auch eine deutliche Antwort. Schließlich war sie an einem Punkt angelangt, da sie nicht anders konnte, als es abzuschließen, abzugeben und weiterzugehen. Sie konnte ihr Leben nicht im Leerlauf verbringen, nur weil Ben nicht um die Kurve kam. Und so hatte sie sich für Prag entschieden. Nicht als Flucht, sondern als Weg in die Zukunft. Beim Abschied vor vier Wochen hatte sie heiter und zuversichtlich gewirkt. Aber auch etwas melancholisch. Sie hatte sich bewusst für den Weg entschieden, nicht länger auf Ben zu warten und zu hoffen. Aber sie würde wohl dennoch eine

Weile brauchen, um endgültig über ihn hinwegzukommen. Constantin war zuversichtlich, dass ihr Herz heilte, und er betete, dass sie irgendwann in Freiheit und Freude eine neue Beziehung finden würde.

Constantin räusperte sich und schob den Gedanken an Hanna zur Seite, holte ihn dann jedoch wieder hervor und fasste ihn in Worte. Ihre Entscheidung war Inhalt seiner Predigt, und nachdem die ersten Worte über seine Lippen gekommen waren, schienen die weiteren nicht warten zu können: »Wenn ich etwas tue, dann kann ich was falsch machen, wenn ich nichts tue, dann mache ich meistens alles falsch«, setzte er an.

Paul hörte seinem Bruder aufmerksam und voller Stolz zu. Er konnte die leichte Nervosität in seiner Stimme erkennen, die sich jedoch nach den ersten Sätzen legte. Der Inhalt der Predigt war Paul nicht neu. Nicht selten musste er als Probehörer herhalten. So auch gestern. Das Thema war Entscheidung. Etwas, was jeden Menschen immer und überall auf der Welt angeht. Constantins Stimme klang lebendig, als er weitersprach: »Es fängt schon morgens an mit einer Entscheidung. Erst mal: Stehe ich auf, oder bleibe ich liegen? Stehe ich mit dem linken oder dem rechten Bein auf – also gehe ich den Tag positiv oder negativ an? Duschen? Oder heute mal Katzenwäsche?

Unser Tag ist gefüllt mit Entscheidungen – die einen sind größer, die anderen sind kleiner. Aber jede will entschieden werden. Und selbst der Entscheidungsunfreudigste unter uns trifft jeden Tag unzählige davon. Manche schon so routiniert, dass sie kaum mehr auffallen. Entscheidungen sind es doch!«

Paul lauschte nur mehr mit halbem Ohr, als Constantin seine Gedanken weiter ausbreitete. Denn er stand gerade selbst vor einer Entscheidung, wenngleich er sie längst getroffen hatte und nur mehr in die Tat umsetzen musste. Er hatte Ella wahrlich lange genug auf die Folter gespannt. Es war schon über eine halbe Stunde vergangen, seit sie sich auf den Platz neben ihn geschlichen hatte. Er konnte ihren Atem hören und war sich sehr wohl bewusst, dass sie Angst hatte, ihn anzusprechen. Die Monate, die er in den USA verbracht hatte, waren in Beziehung auf Ella sehr eigenartig gewesen. Ihr plötzlicher Abgang bei der Priesterweihe hatte ihn zwar erstaunt, aber er meinte doch zu begreifen, was in ihr vorging. Er wusste schließlich um ihre Vergangenheit. Also hatte er es ihr auch nicht übelgenommen. Die Telefonate, die sie geführt hatten, waren eher oberflächlich gewesen, als wolle Ella nicht heraus mit der Sprache. Sonderbarerweise hatte ihn das nicht geängstigt. Er ahnte, dass sie Zeit brauchte, und er spürte, dass sie kommen würde, wenn sie so weit war. Und das war nun auch so eingetreten. Vorsichtig tastete er jetzt neben sich nach Ellas Hand. Er spürte, wie sie erschrocken zusammenzuckte.

»Woher wusstest du, dass ich es bin?«, flüsterte sie mit einem nervösen Zittern in der Stimme. Er konnte hören, dass sie geweint hatte, und sie umfasste seine Hand so fest, als habe sie Angst, er könne sie wieder wegziehen.

»Dummerchen«, flüsterte er sachte. »Natürlich weiß ich, dass du das bist. Ich bin blind, schon vergessen? Dafür kann ich dich an deinem unverkennbaren Duft erkennen … und … dein Herz schlägt so schnell wie das eines Kolibris.«

Ella zog erstaunt die Luft ein, überlegte offensichtlich kurz, was sie von seinen Worten halten sollte, und knuffte ihn dann in die Seite. »Angeber. Du kannst mein Herz gar nicht hören.«

Sie klang sichtlich erleichtert und lachte leise. Was auch immer sie an Ängsten und Zurückhaltung mitgebracht hatte, löste sich in Luft auf. Ohne weiter drüber nachzudenken, legte sie vorsichtig den Kopf auf seine Schulter, und beide lauschten der Predigt.

Clara hörte die Predigt so, als sei sie nur für sie geschrieben worden. Jedes Wort traf sie mitten ins Herz. Sie konnte es kaum erwarten, endlich wieder zur Kommunion zu gehen. Seit sie mit Pater Kilian über alles gesprochen hatte, war ihr ganz leicht ums Herz geworden. Sie hatte gar nicht gemerkt, wie die Sache sie die letzten Monate belastet hatte. Sie spürte ein Ziehen in sich, als rufe etwas vom Altar her nach ihrem Herzen. Begreifen konnte sie es nicht, aber es erfüllte sie mit einem tiefen Frieden und Vorfreude. Beim Friedensgruß schüttelte sie eifrig die Hände der Umstehenden. Sie beobachtete Felix' Onkel, der ungewohnt lange die Hand der Frau drückte, die neben ihm saß, und dabei seltsam zufrieden lächelte. Sie spürte, dass da etwas vor sich ging, was in die Welt der Erwachsenen gehörte. Dann war es endlich so weit. Alle erhoben sich aus den Bänken und reihten sich in die Schlange ein, die für den Empfang der Kommunion anstand. Auch Clara erhob sich und warf einen Blick auf ihre Füße. Prima, heute waren die Schuhe noch dran.

Als Clara kurz stockte und, wie so oft in den letzten Monaten, versuchte, einen Rückzieher zu machen, sah sie Felix, der sich, ohne zu zögern, in die Schlange stellte und ihr einen auffordernden Blick zuwarf. Also gab sie sich einen Ruck und ging. Sie stellte sich absichtlich in die rechte Schlange, um zu Pater Kilian zu gelangen. Der alte Benediktiner lächelte, als sie vor ihm stand.

»Clara – der Leib Christi. Für dich gegeben«, sagte er und legte ihr die Hostie in ihre ausgestreckten Hände. Still und konzentriert blieb Clara einen Moment stehen, betrachtete das kleine Stück Brot und steckte es in den Mund. Auf dem

Rückweg zu ihrem Platz wollte sie am liebsten hüpfen vor Freude. Sie war ganz voll davon. Obgleich ihre erste heilige Kommunion schon Monate zurücklag, spürte sie, dass sie sich heute zum ersten Mal ganz bewusst selbst dazu entschieden hatte, Jesus in ihr Herz zu lassen. Und sie wusste ganz tief drinnen, dass es die beste Entscheidung ihres kurzen Lebens war!

ENDE

Personen
in alphabetischer
Reihenfolge

Alexandra	25 Jahre, Bens Schwester, Ellas beste Freundin
Annemarie	52 Jahre, Josefs Tochter, Sarahs beste Freundin
Ben	29 Jahre, Alexandras Bruder, Linas Ex-Freund, Hannas Liebe
Celina (Lina)	25 Jahre, Karls Tochter, Bens Ex-Freundin
Clara	8 Jahre, Felix' beste Freundin, Sarahs Nichte
Constantin	33 Jahre, Pauls Bruder
Ella	25 Jahre, Alexandras beste Freundin, Pauls Liebe
Felix	8 Jahre, Claras bester Freund, Ferdinands Neffe
Ferdinand	43 Jahre, Philippas Bruder, Felix' Onkel
Hanna	28 Jahre, Constantins Studienfreundin, Bens Liebe
Heinrich	52 Jahre, Sarahs Mann
Josef	76 Jahre, Annemaries Vater
Karl	55 Jahre, Linas Vater, Annemaries Jugendliebe

Pater Kilian	68 Jahre, Benediktinermönch, Constantins Beichtvater
Paul	30 Jahre, Constantins Bruder, Ellas Liebe
Philippa	38 Jahre, Felix' Mutter, Ferdinands Schwester
Sarah	50 Jahre, Serenas Mutter, Annemaries Freundin, Claras Tante
Serena	9 Jahre, Sarahs Tochter, Claras Cousine